기술경영전략 시리즈 ①

# 연구기관의 언론홍보 전략

**저자소개**

**임 환**

고려대학교 경영학 박사, KAIST 석사, 서울대학교 학사
KIST 경영혁신팀장, 기술이전팀장, 지적재산팀장, 창의경영팀장, 컨설팅그룹실장 등 역임
2010~ 건국대학교 벤처기술경영전공 겸임교수, 과학기자협회 '2012 올해의 홍보인상'
2013~ 과학기술연합대학원(UST) 기술정책전공 교수
2012~ 현재 KIST 홍보실장

기술경영전략 시리즈 ①

**연구기관의 언론홍보 전략**

**초판 인쇄** 2014년 11월 7일
**초판 발행** 2014년 11월 14일

**지은이** 임 환
**펴낸이** 최국주
**펴낸곳** 동명사
**출판등록** 1950년 11월 1일(제1-76호)
**주소** (우 413-756) 경기도 파주시 회동길 50(문발동)
**전화** 031-955-7200(대표)~2, 7203(편집부), 7204(물류)
**팩스** 031-955-7205
**전자우편** webmaster@dmsbook.com
**홈페이지** www.dmsbook.com

ISBN 978-89-411-8139-2 93320
값 16,000원



※ 본 도서는 '2014 UST 교재개발 지원사업' 우수교재 지원비로 제작되었습니다.

# 머리말

홍보를 맡고 어디서부터 시작해야 할지 고민이 많았다. 다행히 그동안 선배들이 쌓아놓은 경험과 모범적으로 정착된 방식은 일을 하기에 충분한 도움이 되었고 책으로 정리해야겠다는 용기를 쉽게 갖게 했다. 물론 책을 준비하면서 내부 자료들을 많이 찾아서 정리했으며 홍보업무 관련해서 기존에 출판된 서적들을 참고하였다. 말로만 전해오던 것들이 글로 태어날 때 거기서부터 더욱 다양한 창의적 방식들이 싹을 터 갈 거라는 기대를 갖으며 정리했다.

본고는 기술을 기반으로 운영되는 민간기업이나 공공부문에서 홍보담당자가 고민할 수 있는 모든 내용을 포괄하고자 하였다. 언론에서 방송활용까지 안정적 홍보를 위한 관리사항까지 실무에서 발생하는 내용을 정리하였다. 주요사례는 정부출연 종합연구기관인 한국과학기술연구원의 홍보 실무 자료를 활용하였다.

먼저 제1부에서는 언론과 홍보의 이해를 위한 홍보담당자의 자세, 언론기사 및 언론사별 코너 이해, 전략적 언론홍보에 대해 다루었다. 제2부는 보도자료의 활용에서 언론브리핑, 공동기획, 인터뷰기사 활용, 기고, 홍보이벤트, 디지털 홍보, 해외홍보에 대해 실무적인 내용들을 다루고 있다. 제3부는 방송을 활용한 홍보와 사배 발행매체 홍보를 다루고 있다. 제4부는 안정적 홍보를 위한 관리 차원에서 위기관리 대응, 기사의 지속적 발굴 및 직원 미디어 트레이닝에 대해 다루고 있다.

본고의 자료 수집을 위해 홍보팀 윤승 전임팀장, 한귀향선임을 비롯해 박병수팀장, 장상아 씨, 김남균 씨의 도움이 컸다. 자료 교정을 하면서 세종대 백상진 씨가 많은 수고를 하였다. 오랜 홍보업무 경험을 갖은 오건택 본부장의 전반적인 조언과 격려는 본고의 출간에 큰 힘이 됐으며 KIST에 출입하는 과학기자 분들과 전임 남동우 실장의 조언도 본고를 탈고하는데 자신감을 갖게 하였다. 특히 자료 발간에 물심양면 도움을 준 UST관계자 분들에게 진심으로 감사의 말씀을 전한다. 본고가 향후 더 나은 자료와 책자로 이어지기를 희망하며 홍보를 담당하는 후배들에게 유용한 자료로 사용되기를 바란다.

KIST 홍보실장 **임 환**

추천사

## 연구기관 홍보 길라잡이 발간을 축하하며...

임환 KIST 홍보실장은 항상 밝고 활력이 넘친다. 타고난 홍보맨이 이런 것인가 여겨질 때도 있다. 그는 '무엇이 꺼리인가'를 단번에 알아내 홍보용 자료로 바꿔내는 탁월한 능력을 가졌다. 아마 KIST의 연구 성과나 기관홍보가 다른 출연기관에 비해 양적으로도 압도적이고, 질적으로도 매우 잘 갖춰져 있는 것이 바로 임환 실장의 존재감이 아닐까 생각한다. 게다가 그는 매사에 열정적이고 진솔하다. 그와 대화를 해보면 이런 저런 복선도, 군더더기도 없다.

이런 그의 홍보 역량을 다른 홍보 담당자들과 공유했으면 좋겠다는 생각을 늘 해왔는데, '연구기관의 언론홍보 전략'을 출간한다니 반갑고 기쁜 일이다. 사실, 기자로 일하다 보면 생각보다 많은 보도자료를 접한다. 그런데 그 중 태반이 기사 작성에 필요한 요건을 못 갖춘 것이어서 항상 안타까웠다. 원래 보도 가치가 없다면 모르겠지만, 조금만 관심을 쏟았더라면 충분히 기사꺼리가 될 자료가 그런 문제 때문에 사장되는 사례는 셀 수 없이 많다. 연구 성과와 관련된 보도자료는 더욱 그렇다. 난해한 전문용어가 곳곳에 널려있고, 문장이 장사진처럼 늘어져 무슨 말인지 헷갈린다면 기자로서는 답답한 일이 아닐 수 없다.

아인슈타인은 이렇게 말했다. "여러분이 알고 있는 것을 여러분의 할머니께서 이해할 수 있도록 설명하지 못하면 여러분은 그것을 진정으로 알고 있는 것이 아니다."라고. 이처럼 보도자료는 과학에 대한 전문지식이 없는 사람이 읽어도 아무런 문제 없이 이해할 수 있어야 한다. 온갖 신산을 겪으며 일군 연구성과가 홍보 담당자의 문제 때문에 세상에 널리 알려지지 않는다면 연구자는 물론 사회적으로도 얼마나 큰 손실인가.

이런 점에서 이 책은 전문 홍보지침서로 손색이 없다. 이론과 사례를 조화롭게 엮어 술술 읽히는 재미도 있다. 이 책이 두루 읽혀 '과학적 성과의 대중화'라는 어려운 과제를 풀어내는 의미 있는 지침서가 되었으면 하는 바람이다.

한국과학기자협회장 **심 재 억**

CONTENTS

# 1 언론과 홍보의 이해



# 2 언론을 활용한 홍보

# 4 안정적 홍보를 위한 관리

# 그림 목차

## 표 목차

# 제1부
# 언론과 홍보의 이해

제1장

# 홍보담당자의 자세

## 1. 홍보담당자의 역할

홍보담당자는 기관의 홍보를 위한 대표선수로서 기관의 핵심가치와 미션에 충실하게 기관의 홍보거리를 발굴하여 대내외에 알리는 사명을 갖고 있다. 특히 과학기술 홍보담당자는 홍보라는 수단을 통해 국민에게 과학기술정책 이해와 지지를 제고하고 연구성과 및 과학기술 정보 제공을 통해 관심을 유도하며 과학기술 연구기관의 존립 목적을 설명하는 역할을 한다.

## 2. 홍보담당자의 필요역량

성공적인 홍보담당자는 기관의 여러 활동에 대한 충분한 지식(Knowledge)을 갖고 홍보담당자로서 스킬(Skill)과 적절한 태도(Attitude)를 갖춰야 한다.

### (1) 홍보담당자의 지식

홍보부서는 기관의 입(口)으로서 기관의 미션과 기관장의 의중을 가장 잘 이해하고 전파할 수 있어야 한다. 그러기 위해서는 기관의 주요 성과나 경영활동, 기관장 동정을 충분히 파악하고 있어야 한다. 또한 기관과 관련된 외부 정책이슈나 과학계 및 사회 동향에 대해서도 충분한 이해가 있어야 하며 이에

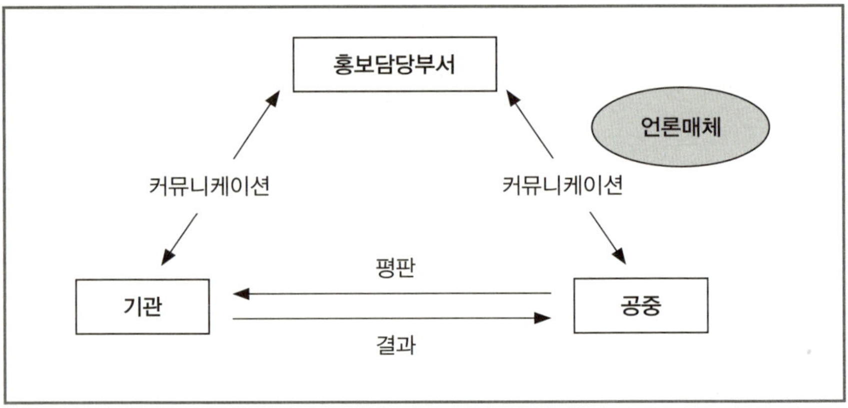


**그림 1-1.** 홍보와 담당자의 역할

대한 기관과 공유된 입장과 가치를 숙지하고 있어야 한다. 이러한 정보는 문서화된 자료와 내외부 관련인들이나 출입기자와의 친분과 교류를 통해 얻어질 수 있을 것이다. 또한 각종 언론매체의 특징과 운영에 대한 지식을 필수적으로 갖추도록 노력해야 한다. 홍보는 조직과 그 공중간의 상호이해를 넓히고 유지하기 위해 의도적이고 계획된 노력이라는 차원에서 홍보담당자는 조직에 대한 이해, 공중의 사회적 관심 사항에 대한 이해, 언론에 대한 이해를 갖추고 있어야 한다.

### (2) 홍보담당자의 태도

첫째, 홍보담당자는 홍보에 대한 적극적인 사명의식을 가져야 한다. 기관과 일반대중의 커뮤니케이션 통로를 운용하는 역할을 한다. 내가 아니면 기관은 잊히고 고객과 이해관계자들의 지지와 지원은 줄어들고 결국 외면될 수도 있다는 업무적 자부심과 사명감을 가져야 한다.

둘째, 기자에 대한 고객서비스 마인드를 철저히 갖추고 있어야 한다. 기자는 공중을 접촉하는 대리인이다. 사실 기사를 쓰는 것은 기자맘이다. 기자의 니즈와 애로사항을 파악하고 신속하고 친절하게 협조하라. 출입기자와의 좋은 관계는 기본이고 해당 언론사의 데스크, 편집국의 인맥도 잘 관리해야 한다.

셋째, 홍보담당자는 전략적 홍보마인드를 갖추고 효과적인 홍보전략으로 홍보 효과를 극대화하기 위한 노력을 해야 한다. 홍보예산, 인적구성, CEO의 마인드, 홍보목표에 맞게 필요한 홍보방법을 수립하여 전략적 홍보가 이루어지도록 노력해야 한다.

넷째, 최전선의 정보원으로서 항상 최신의 정보를 수집하고 체계화하는 태도를 갖추어야 한다. 오늘날 최고경영자는 홍보로부터 단순한 보도 자료 제공이나 대언론 활동 이상의 것을 기대한다. 정보 분석, 해당 사안에 대한 쟁점 및 이해관계자 입장, 경영관리에 대한 전문적 조언까지도 바라고 있다. 커뮤니케이션 관리자로서 정보의 중심에 있기 때문이다.

**Note 홍보담당자 성공요인**

- **기술** : 효율적 집필 능력, 설득적인 언변
- **지식** : 각종 미디어에 관한 지식, 기업 경영과정의 이해, 비즈니스 및 재정에 관한 식견
- **능력** : 문제해결 능력, 의사결정, 사람을 신뢰감 있게 다루는 능력, 책임감
- **자질** : 안정감과 상식, 추진력과 열정, 다방면에 관한 관심과 지적 호기심, 경청하는 습관, 인내심

출처 : 미국 PR전문가 서베이 결과, 1992.

### (3) 홍보담당자의 스킬

행동을 통해 일을 실현해가는 능력을 스킬이라고 볼 때 우선 효율적인 집필능력과 설득적인 브리핑 능력이 중요하다. 또한 기자들과의 관계형성에 있어 친화력과 신뢰감 있게 다루는 능력, 문제해결 능력, 경청하는 습관 등이 중요하다. 참 부지런해야 하는 자리이다.

### 청와대 홍보수석의 하루

• '朴어록' 5권 만든 대통령 意中 해설자 … 國政 곳곳 '입김'

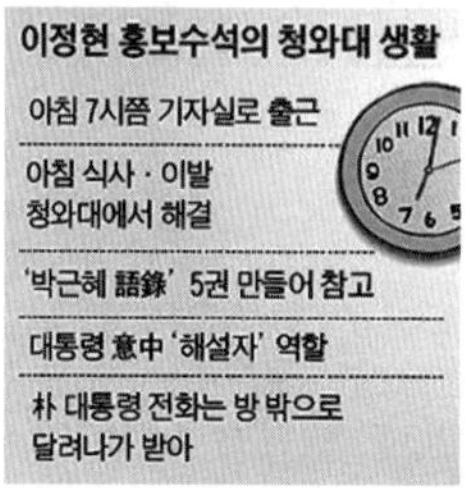


이 수석은 새벽 5시쯤 일어나 조간신문 등에 난 주요 기사를 점검하고, 오전 6시 20분쯤 서울 관악구 봉천3동의 집을 떠난다. 6시 40분쯤 청와대에 도착하면 경호실에 딸린 이발소에 들른다. "기자들에 대한 예의로" 머리를 정돈하고 7시쯤 바로 기자실로 출근한다.

지난 2011년 3월부터 암(癌) 투병 중인 아내가 입원 치료를 받는 기간에는 병실에 들렀다가 출근한다. 아침식사는 비서동인 위민관 구내식당에서 한다. 저녁 약속이 있어 오후 6시 30분쯤 밖에 나갔다가도, 밤 9~10시쯤 사무실로 돌아와서 보고서를 읽는 날이 많다. 퇴근 시각은 보통 11시를 넘긴다.

'현안 즉시 대응'을 강조하기 때문에 박 대통령의 모든 일정을 수행하면서도 각종 회의에 꼭 참석한다. 지난 정부까지 홍보수석이 참여한 적 없는 총리 주례보고에도 빠지지 않는다. 새벽이나 심야에도 장관이나 수석들에게 바로 전화를 거는 일이 잦다.

출처 : 조선일보 2013. 7. 8.

## 3. 홍보담당자의 자기계발

### (1) 홍보부서의 업무 범위

전통적으로 홍보부서의 업무는 〈표 1-1〉에서 보는 바와 같이 언론홍보(publicity)를 포함해 출판물 홍보, 이벤트 홍보, 조사홍보, 매체광고 등을 들 수 있으며 이에 비해서 뉴미디어 홍보라 할 수 있는 디지털홍보가 있다.

### (2) 홍보담당자 역량 키우기

**❖ 언론홍보에 대한 이해와 실전력을 높여라**

본서를 통해 설명하게 될 언론홍보에 대한 이해와 실전을 통한 습득이 중요하다. 기자를 이해하고 언론을 이해해야 하며, 다양한 홍보방법에 대해 전

**표 1-1.** 일반적인 홍보업무 범위

| 구분 | 주요활동 |
|---|---|
| 언론 홍보 | – 보도 자료 및 프레스키트 배포<br>– 기자간담회/기자회견<br>– 인터뷰/기고<br>– 최고경영자이미지(PI) 홍보<br>– 미디어 모니터링 등 |
| 출판물 홍보 | – 브로슈어, 팸플릿, 리플릿, 포스터<br>– 소식지, 정책자료집, 성과책자 등 |
| 디지털 홍보 | – 홈페이지, 블로그, 이메일, SNS, e-이벤트<br>– 홍보비디오, 동영상, UCC, CD 등 |
| 이벤트 홍보 | – 전시회/컨퍼런스 개최<br>– 포럼/토론회 개최<br>– 기념행사/어워드 행사<br>– 사회공헌 행사<br>– 홍보대사 위촉/체험단 등 |
| 조사 홍보 | – 설문조사/여론조사<br>– 연구보고서/Big Data분석 등 |
| 매체 광고 | – 신문 및 방송광고<br>– 후원/협찬/제품간접광고(PPL)<br>– 기사광고(Advertorial) 등 |

문성을 갖도록 노력해야 한다.

- 언론보도 지원을 위해 글쓰기(보도 자료, 서한, 보고서, 연설문, 기사원고, 광고 문안)와 언론의 정보 요청 대응 방법
- 책자, 보고서, 소식지, 시청각물 등과 같은 홍보자료 제작
- 보도할 컨텐츠를 발굴하고 기획 및 개발, 운영관리
- 행사/이벤트 홍보를 위해 기자회견, 각종 행사, 경연대회와 같은 기획력
- 홍보계획을 위한 홍보목표 수립, 메시지 및 매체 계획 수립 능력
- 조사홍보를 위한 여론조사, 홍보효과 평가 기술
- 원활한 홍보를 위한 타부서 협조 유인 및 기관의 각종 활동의 홍보관점 자문

### ❖ 기관에 대한 충분한 이해와 입장을 가져라

기관성과보고서, 정기업무 보고자료, 기관장일정, 정책보고서 등 기관과 관련된 주요사항을 이해하고 설명할 수 있어야 한다. 주요회의에 참석하고 참석할 형편이 안 되는 경우 반드시 자료를 확보하여 주요사항을 파악하도록 노력해야 한다.

### ❖ 최근 사회적 이슈와 관련 언론 동향에 대한 이해를 하라

주요 일간신문이나 전문지를 읽고 관련 내용을 스크랩하라. 최근 아이서퍼 같은 스크랩 소프트웨어는 기능이 훌륭해서 매우 유용한 수단이다. 관련분야에 대한 정보는 요약메모하고 입장을 정리하라.

– 주요 신문 및 사설 읽기

– 기관과 관련된 기사보도, 제도변화, 유관기관 동향 등 스크랩 정리

– 관심분야 뉴스 읽기(창조경제, 로봇, 뇌과학 등)

– 관심 분야에 대한 도서

### ❖ 커뮤니케이션/네트워킹 역량을 높여라

우선적으로 출입기자단 개개인과의 좋은 관계를 유지할 수 있도록 해야 한다. 평소 출입기자의 기사를 스크랩하고 피드백하는 노력은 기본적인 대화의 재료가 된다. 관심분야 정보나 기사거리를 제공하는 것, 기자의 애로사항이나 필요에 관심을 갖고 해결책을 찾아주려 노력하는 자세가 필요하다. 요청받은 일은 최선을 다해 신속하게 대응하는 신뢰감 있는 업무처리, 오찬이나 가벼운 술자리 등 정기적인 유대와 상호 도움이 되는 관계를 찾아가는 노력이 상호 관계 발전의 밑거름이 된다.

### Note 도지어(D.M.Dogier, 1989) 교수가 말하는 홍보실무자의 기능

- **커뮤니케이션 관리자** : 홍보 정책을 결정하고 프로그램의 성패를 책임진다. 홍보에서의 문제점 발견, 홍보의 중개역할, 홍보문제 해결을 책임진다.
- **커뮤니케이션 연락 채널** : 홍보 관련 공적회의에서 조직을 대표하며 공중의 견해를 수집 · 정리하여 보고하는 역할을 한다.
- **미디어관계 전문가** : 조직의 메시지가 매스미디어에 보도 되도록 추진하며 보도 내용을 내부 구성원에 알리는 기능을 한다.
- **커뮤니케이션 기술자** : 홍보를 위한 보도 자료, 사진, 브로셔, 소책자등 커뮤니케이션 자료를 생산하는 역할을 한다.

### 참고 정부기관 공보실과 홍보실의 차이

- 공보실은 주로 보도 자료를 작성하고 배포하며, 기자들의 취재를 위해 요청하는 자료를 해당 부서에 연락해 제공하거나 직접 담당 부서를 연결해 취재를 도와주는 역할을 한다.
- 홍보실은 월간지, 계간지 등 정기간행물 발간, 디지털 홍보, e-뉴스레터, 전광판, 영상뉴스, 홍보용 동영상 제작, 홈페이지 운영, 방송광고 등 공보외의 전체적인 홍보를 담당하고 있다.

제2장

# 언론의 이해와 홍보전략

## 1. 언론사별 해당지면(과학면, 인터뷰 등) 분석

### (1) 분석 필요성

누울 자리를 보고 발을 뻗는다고 했다. 신문 또는 방송 언론의 지면을 분석해보면 기관의 홍보거리가 기고나 기사의 형식으로 보도 될 수 있는 기회를 발견하게 된다. 예를 들어 특정신문의 사회면에서 최근 치매에 대해 특집기사를 진행하고 있다면 관련 연구자나 연구실을 연결하여 코너에 홍보되도록 할 수 있을 것이다. 코너분석은 반기별로 큰 틀을 정리하되 관심분야 코너에 대해서는 매월 주기적으로 점검할 필요가 있다.

### (2) 언론사 과학면 보도일정

언론사 마다 특정하게 과학면을 보도하는 일정이 있다. 예를들어, 조선일보는 화요일 B10에 과학면을 두고있다. 중앙일보는 월요일, 동아일보는 금요일에 2면을 할애하여 과학을 보도한다. 이러한 과학면 운영 정책은 홍보담당자에게 중요한 정보이다. 물론 중요한 과학 기사라면 이러한 원칙을 좀 벗어나서 사회면이나 경제면, 동정란 등에도 나올 수 있을 테지만 기획기사를 내는 경우에 해당 과학면 날짜를 생각해서 기자에게 미리 정보를 준다면 기자의 경우도 기사를 작성할 때 시간을 안배 할 수 있는 여유가 생길 것이다. 홍보부

**표 2-1.** 언론사별 과학면 보도일정 예시(2014. 7)

| 구분 | 월 | 화 | 수 | 목 | 금 |
|---|---|---|---|---|---|
| 조선일보 | B10면 | B02/10면 | | | |
| 중앙일보 | | E15면 | | | |
| 동아일보 | | | | | A22면 |
| 한국일보 | 19면 | | | | |
| 한겨레신문 | | 24면 | | | |
| 매일경제 | | 18면 | | 16면 | 18면 |
| 서울경제 | | | | 30면 | |
| 파이낸셜 | 22면 | | 20면 | | 14면 |
| 한국경제 | 19면 | 17면 | 19면 | 18면 | 19면 |
| 전자신문 | '과학면'은 매일기사 | | | | |
| 디지털타임즈 | | | | | |

서는 반기별로 자체 코너분석를 하여 매뉴얼로 운영하면 유용하게 언론을 활용할 수 있을 것이다. 예를 들어, 금요일자 동아일보 과학면에 기획기사를 게재하고 싶으면 미리 전주에 담당기자나 편집장에게 알리고 화요일 수요일경에 기획 자료를 제공하거나 취재를 할 수 있도록 사전에 일정을 잡을 필요가 있다. 보도 자료를 기자단에 배포할 경우에도 보도일이 과학면과 맞을 경우 좀 더 보도 분량이 커질 가능성도 있게 된다.

### (3) 언론사별 과학면 기사 유형 및 특징 분석

과학면 기사의 유형은 배포한 보도 자료가 취급될 수 있는 형태를 예측할 수 있다. 이는 해당 언론사의 보도정책이나 과학기자의 기사를 쓰는 특징과 많이 관련이 된다. 종합지의 경우 과학 기자가 여러 명 있는 경우가 있는데 각 기자마다 선호하는 유형이나 주제가 다른 경우가 있다.

경제지나 전문지의 경우는 주로 보도 자료에 근거한 사실위주의 스트레이트성 기사도 많이 취급하여 주지만 종합지는 기자가 취재 탐사를 통한 기획기

**표 2-2.** 언론사별 과학면 기사유형 및 특징분석 예시

| 구분 | 기사유형 및 특징 |
|---|---|
| 조선일보 | • 평균 기사 수 : 2~3개<br>• 주요 기사 유형 : 스토리 있는 기획형 기사 위주<br>• 연구결과 단신보도 거의 없음 |
| 중앙일보 | • 별도 과학면이 없는 대신, 기획 코너를 과학기자와 IT 기자들이 같이 커버<br>• 연구결과 단신보도 많지 않음 |
| 동아일보 | • 평균 기사 수 : 3~5개<br>• 주요 기사 유형 : 시의성 있는 기사 많음<br>– 과학기술의 유용성 부각, 현상 문제를 설명<br>• 연구결과 단신보도 많음. 과학면 외 다른 지면 활용은 어려움 |
| 한국일보 | • 평균 기사 수 : 2~3개<br>• 주요 기사 유형 : 일상생활과 연관된 과학기사<br>• 스토리 형식의 기사 비중이 높고, 보도자료 중심의 기사도 단신으로 간혹 등장 |
| 한겨레신문 | • 평균 기사 수 : 3~4개<br>• IT 관련 기사와 과학 기사가 별도 코너로 게재되나, 과학 기사의 비중이 낮음<br>• 스트레이트 기사가 대부분임 |
| 매일경제 | • 평균 기사 수 : 4~5개<br>• 주요 기사 유형 : 스트레이트 기사, 보도자료 중심의 단신기사도 많음<br>• 기사 구성 섹션이 '과학기술 의료'로 되어있어, 의료 관련 내용 기사도 상당수 존재함 |
| 서울경제 | • 별도의 과학면이 없음(과학기사 발행이 불규칙적)<br>• 평균 기사 수 : 2~4개<br>• 주요 기사 유형 : 연구소(인물)탐방기사 많음<br>• 연구결과 단신보도 및 해외연구 스토리 기사 다수 |
| 파이낸셜 | • 'IT, 과학'면으로 구성<br>• 평균 기사 수 : 3~5개<br>• 연구결과에 대한 스트레이트 기사, 광고성 기사가 대다수<br>• 게재 기사 수 많으나 IT 기사(광고성 기사 포함)가 많음 |
| 한국경제 | • 'IT, 과학'면으로 구성<br>• 평균 기사 수 : 5~7개<br>• 게재 기사 수 많으나 광고성 기사 및 IT 기사가 많음 |
| 전자신문<br>디지털타임즈 | • 보도자료 기반의 스트레이트 기사 중심<br>• 게재 기사 수 많으나 IT 기사가 많음<br>• 전자신문은 기획기사 성 코너가 많이 개설되어 있어 접근이 수월함 |

사를 많이 쓰는 경향이 있다. 〈표 2-2〉는 언론사별 과학면 기사유형 및 특징 분석으로서, 홍보담당부서에서 정기적으로 작성하여 활용하면 유용하다. 지면별 특성에 맞게 고려하여 보도자료를 작성할 필요가 있다.

### (4) 언론활용 유형별 사용가능 지면

효과적인 홍보를 위해서는 연구성과 보도만으로는 홍보의 재료가 턱없이 부족하다. 적절하게 기고, 행사, 인물소개, 기관장동정 등을 사용 가능한 지면을 활용하여 기관을 홍보할 필요가 있다.

기고란은 기관장뿐 아니라 내부의 전문가 칼럼 인력풀을 구성하여 능동적이고 적극적으로 활용 가능하며, 동정란과 행사 및 인물소개를 이용하면 기관활동을 입체적으로 홍보할 기회가 생긴다.

**표 2-3.** 언론활용 코너(기고, 연구성과) 사용가능 지면 예시

■ 기고 / ■ 연구성과

| 구분 | 지면쪽수(섹션명) : 코너명 | 구분 | 지면쪽수(섹션명) : 코너명 |
|---|---|---|---|
| 조선 | • A33(오피니언) : 시론, 발언대<br>• A34(오피니언) : 아침논단<br>• A35(오피니언) : 기고 | 조선 | • B3(경제와 이슈/조선경제) : 사이언스 카페 |
| 중앙 | • 33(오피니언) : 시론<br>• 35(오피니언) : 중앙시평<br>• 36(오피니언) : 특별기고<br>• 37(오피니언) : 대학생 칼럼(학연) | 중앙 | • 24(토요판) : 사람속으로 (연구팀/동호회소개 가능)<br>• 궁금한 화요일 |
| 동아 | • A29(오피니언) : 기고<br>• A29(오피니언) : 동아 에세이<br>• A31(오피니언) : 시론<br>• A31(오피니언) : 과학세상<br>• A34(오피니언) : 동아광장 | 동아 | • A27(투데이) : 기사/라운지 |
| 한국 | • 27(오피니언) : 아침을 열며<br>• 29(오피니언) : 기고<br>• 31(오피니언) : 시론 | 한국 | • 톡.톡. Talk |

| 구분 | 지면쪽수(섹션명) : 코너명 | 구분 | 지면쪽수(섹션명) : 코너명 |
|---|---|---|---|
| 매경 | • A37(사람들) : 매경 춘추<br>• A38(분석과 전망) : 매경시평<br>• A39(분석과 전망) : 기고<br>• A37(사람들) : 매경의 창<br>• A30(SNS, 오피니언) : 이렇게 생각한다<br>• A31(분석과 전망) : 세상사는 이야기 | 매경 | – |
| 서경 | • A34(오피니언) : 로터리<br>• A34(오피니언) : 발언대<br>• A35(오피니언) : 시론<br>• A35(오피니언) : 기고 | 서경 | – |
| 파낸 | • 31(사설, 오피니언) : fn 논단<br>• 31(사설, 오피니언) : 기고(minor) | 파낸 | – |
| 한경 | • A38(오피니언) : 다산칼럼<br>• A37(사람들) : 한경에세이<br>• A35(오피니언) : 시론<br>• A29(사람들) : 기고 | 한경 | • STRONG KOREA<br>• 과학기술 프런티어 |
| 전자 | • 30(열린마당) : 월요논단<br>• 26(열린마당) : ET단상 | 전자 | • 과학 핫이슈<br>• 한눈에 조는 과학뉴스<br>• 과학현장에선<br>• 사이언스 in 미디어<br>• 역사 속 과학, 이번주엔 |
| 디타 | • 30(열린마당) : 월요논단<br>• 26(열린마당) : ET단상 | 디타 | • My Hero 사이언티스트<br>• 알아봅시다<br>• 이덕환의 과학세상 |

**표 2-4.** 언론활용 코너(행사 · 인물소개) 사용가능 지면 예시

■ **행사** ■ **인물소개**

| 구분 | 지면쪽수(섹션명) : 코너명 | 구분 | 지면쪽수(섹션명) : 코너명 |
|---|---|---|---|
| 조선 | • A31(사람들) : 플라자<br>• D5(공익) : 기업 사회공헌 | 조선 | • A32(인터뷰) : 최보식이 만난 사람<br>• D6(공익) : 나눔의 리더십<br>• A29(오피니언) : 나, 또 다른 나<br>• B2(뉴스와 사람/조선경제) : 한국을 먹여 살릴 과학자(부정기)<br>• B4(Why) : 김윤덕의 사람人 |
| 중앙 | • C1(시선집중) : 기업 사회공헌관련 기획지면 | 중앙 | • 30(사람사람) : 인물소개<br>• 24(토요판) : 사람속으로 |
| 동아 | • A27(투데이) : 기사/라운지 | 동아 | • A16(지역) : 메트로 달인(인물소개)<br>• A21(문화) : 답사동행기<br>• A27(투데이) : 기사/라운지<br>• A8(기획) : 내러티브 리포트(사연있는 에세이 형식의 기사) |
| 한국 | • 28(사람들) : 행사소개기사 | 한국 | • 19(과학) : 과학자가 부러워하는 과학자<br>• 24(오피니언) : 서화숙의 〈만남〉<br>• 25(사람들) : 인물소개기사<br>• 22(기획) : 100℃ 인터뷰<br>• 13(인물) : 이희정의 사람, 이야기 |
| 매경 | • A37(사람들) : 행사 기사<br>• C02(기업) : 사회공헌 공기업 | 매경 | • A28(인물) : 매경이 만난 사람 |
| 서경 | • A33(피플) : 행사 기사 | 서경 | • A11(기획) : 서경이 만난사람<br>• A33(피플 · TV) : 인물 기사 |
| 파낸 | • 30(사람들) : 행사 기사 | 파낸 | • 30(사람들) : fn 이사람(minor) |
| 한경 | • A37(사람들) : 사회공헌 단신 | 한경 | • A37(사람들) : 인터뷰<br>• A19(주말에디션) : 한경과 맛있는 만남<br>• A21(주말에디션) : 특파원이 만난 사람(KIST-유럽) |
| 전자 | • 28(피플) : 행사 기사 | 전자 | • 28(피플) : 인터뷰 |
| 디타 | • 20(people & biz) : 행사 | 디타 | • 11(기획) : 월요초대석 |

**표 2-5.** 언론활용 코너(기관장 동정) 사용가능 지면 예시

■ **기관장 동정**

| 구분 | 지면쪽수(섹션명) : 코너명 |
|---|---|
| 조선 | • A31(사람들) : 플라자-행사, 동정 등 날마다 다름 |
| **중앙** | • 30(사람사람) : 단신 |
| 동아 | • A27(투데이) : 기사/라운지 |
| **한국** | • 28(사람들) : 기사 |
| 매경 | • A37(사람들) : 동정 |
| **서경** | • A33(피플) : 동정 |
| 파낸 | • 30(사람들) : 동정(취임) |
| **한경** | • A33(사람들) : 동정 |
| **전자** | • 28(피플) : 동정 |
| **디타** | • 20(people & biz) : 동정 |

## 참고 사회면 코너분석을 통한 게재성과 예시

朝鮮日報

# 말하고 게임하고… 치매 예방 로봇 '실벗', 기억력 향상 효과 크다

〈11〉 치매 예방·치료 속도 내는 한국의 최첨단 연구

**실벗, 참여자 행동 기록… 치매 진행속도 살피는데 큰 역할**
**3개월 동안 하루 1시간씩 이용한 사람들 대뇌피질 두꺼워져**
**혈액검사 통한 조기진단 연구도 활발… 5년내 상용화 목표**

**국내 주요 치매 연구**

| | |
|---|---|
| 로봇 활용한 치매 예방 및 치료 | -로봇과 함께 기억력 게임 등을 즐기게 하면서 노인들의 뇌를 활성화<br>-한국(강남치매지원센터)과 덴마크에서 사용 중 |
| 혈액검사 통한 치매 조기 진단 | -혈액검사로 알츠하이머 치매 일으키는 불량 단백질의 축적량 파악<br>-임상 시험 거쳐 이르면 5년 내 상용화 |
| 치매 증상의 원인 규명 | -"치매는 환자의 기억이 사라지는 병이 아니라, 기억을 꺼내는 회로가 막히는 병"<br>-조만간 해외 전문 저널 통해 발표 예정 |

출처 : 조선일보, A8, '치매예방로봇'(2013. 5. 22)

## 참고 인터뷰면 코너분석을 통한 게재성과 예시

한경과 맛있는 만남

문길주 KIST 원장

"100억, 1000억 버는 엔지니어 나와야 이공계 부활"

출처 : 한국경제, B1, '한경과 맛있는 만남'(2012. 12. 8)

## 2. 홍보담당자의 기자에 대한 이해

### (1) 기자의 하루와 홍보담당자 대처

기자의 하루를 모르면 기본도 모르는 홍보담당자가 된다. 이미 편집회의를 통해 지면이 정해졌는데 보도 자료를 오후에 배포하거나 기자가 한참 취재와 기사작성으로 바쁠 때 한가한 요청을 하는 홍보 담당자가 있다면 한심한 일이다. 기자는 7시반, 8시경 출근을 하면 먼저 당일 신문에 나온 과학기술 관련 기사를 살펴본다. 담당 취재영역에서 경쟁사 기자가 특종을 하게 되면 이 업계 표현으로 '물 먹었다'고 표현하기 때문이다. 이날은 데스크에 속된 말로 '깨지는' 날이다. 다른 기자의 기사로부터 아이디어를 얻기도 한다. 당일 접수된 보도 자료를 근거로 아침보고를 한다. 홍보담당자의 입장에서 불가피하게 그날 보도 자료가 1~2시간 늦을 경우는 메모 메시지라도 보내 보도 자료를 배포할 것임을 기자들에게 알려주는 게 좋다. 기자는 오전에 취재 현장을 방문하거나 전화 취재로 오전을 보내게 된다. 점심식사 후에는 그날 취재한 내용을 바탕으로 작성할 기사에 대해 데스크에 보고하고 협의한다. 이후 마감시간(통상 오후 4시경)까지는 기사를 작성하는 데 몰두한다. 마감을 앞둔 오후 3~4시대는 가장 바쁜 시간이므로 기사의 내용을 고쳐야 하는 아주 긴급한 사안이나 약속한 사진을 늦게라도 보내야 되는 상황이 아니라면 전화를 자제하는 게 예의이다. 기사를 송고한 후에는 회의나 다음날 취재거리를 만들며 시간을 보

**표 2-6.** 주간신문 기자의 하루와 홍보담당자 대응

| 시간 | 기자의 하루 | 홍보담당자 활동 |
|---|---|---|
| 08:00 | 출근 (07:30~08:30), 기사/보도 자료 체크 | 보도 자료 발송 (8:30이전 엄수) |
| 09:00 | 아침보고 및 회의 (09:30) | 지연 시, 기자단에 메모 전달 |
| 10:00 | 문의 및 취재 | 통화 가능시간 (10:00~12:00)<br>보도스크랩 정독, 이슈 및 정보수집 |
| 11:00 | 주요 편집 아이템 선정(부장단 편집회의) | |
| 12:00 | 점심식사 | 점심식사<br>(기자교류, 정보이슈 체크) |
| 13:00 | 오후 편집회의 (13:30) | 차기 보도 자료 작성, 내부 커뮤니케이션<br>* 마감임박 3~4시경 기자에 불필요한 전화 자제 |
| 14:00 | 기사작성 | |
| 15:00 | | |
| 16:00 | 초판마감 (16:00~17:00경) | |
| 17:00 | 기사마감, 1판 인쇄, 저녁회의, 정보수집 | 통화 가능시간 (17:00~18:00)<br>– 인터넷판 모니터링 & 오보 대응<br>– 차기 기사정보제공 |
| 18:00 | 가판도착, 개고 | |
| 19:00 | 시내판 마감 (19:30), 퇴근 | 기자단 교류 (7:30분 이후) |
| 02:00 | 최종강판 | |

* 종합지의 경우 과학면 보도일정에 따라 개인차가 있음

**표 2-7.** 석간신문 기자의 하루와 홍보담당자 대응

| 시간 | 기자의 하루 | 홍보담당자 활동 |
|---|---|---|
| 07:00 | 출근 (06:30~07:30), 사건/보도 자료체크<br>주요 편집 아이템 선정 (부장단 편집회의) | 보도 자료 발송 |
| 08:00 | 아침보고 및 회의 (08:00) | 지연 시, 메모/통화 |
| 09:00 | 문의 및 취재 | 기자 가장 바쁜 시간 (8~10시) |
| 10:00 | 기사마감, 사진 마감(10:00) | |
| 11:00 | 내용점검 및 시안제작, 정보수집, 개고 | 모니터링 & 오보 대응,<br>기사정보제공 |
| 12:00 | 점심식사 | 차기 보도 자료 작성,<br>내부 커뮤니케이션 |
| 13:00 | 사건사고, 자료조사, 다음날 취재 | |
| 14:00 | | |
| 15:00 | | 통화 편한 시간 (12:00~17:00) |
| 16:00 | | |
| 17:00 | 최종강판 (17:30), 퇴근 | |
| 18:00 | | 기자단 교류 (18:00시 이후) |

* 석간지 : 문화일보, 내일신문, 매일신문, 경남신문

내고, 인터넷판 기사를 검토하고 오후 7시~8경 퇴근하게 된다.

석간 기자의 경우도 크게 다르지는 않지만 기사마감이 오전이고 신문강판이 당일이란 점에서 오전에 취재 및 기사작성이 고도로 집중된다. 보통 5시경 퇴근을 하게 된다.

### (2) 기자와 홍보담당자와의 관계

기자와는 '불가근 불가원'의 원칙을 지켜야 한다고 말하지만 그래서는 곤란하다. 우선 기자와 친해지는 것이 홍보담당자로서 가장 첫번째 덕목이라 할 수 있다. 일반적으로 성공한 홍보담당자는 뛰어난 커뮤니케이션 기술과 매끄러운 대인관계를 유지한다는 것이다. 이는 서로 신뢰할 수 있고 부담스럽지

않은 편한 관계로 발전해야 한다. 더불어 성공한 홍보담당자는 언론에 대한 깊은 이해를 갖추고 있어야 한다.

### (3) 언론사의 구조

기자들이 소속된 편집국을 중심으로 출판국, 광고국, 판매국, 사업국 등으로 조직되어 있다.

기사를 직접 취재 작성하는 편집국은 정치부, 경제부, 사회부, 국제부, 문화부, 사진부 등으로 구성되어 있으며 작성된 기사를 정리하는 편집부, 교열부, 디자인부로 구성된다.

경제신문과 같은 전문지의 경우 경제 분야가 주가 되기 때문에 편집국에서도 경제 분야가 세분화되어 있다. 예를 들면, 정부 부처를 통하여 경제정책을 담당하는 정경부를 비롯하여 산업부, 유통부, 증권부, 중소기업부 등을 두고 있다.

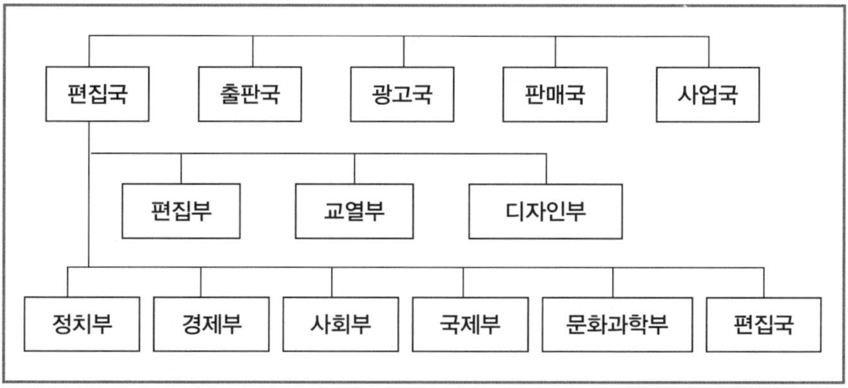


**그림 2-1.** 언론사의 조직구조 예시

### (4) 기사의 종류와 보도 자료

- 스트레이트 기사 : 기자의 시각이 반영되지 않은 사실위주의 일반적인 기사가 다 이 범주에 속함

- 기획/해설 기사 : 단순 사실을 포함하여 문제의 배경, 분석과 전망 등을 함께 보도하는 경우
- 피처 기사 : 진한 감동을 주는 뒷이야기, 미담 등 사실 그 자체보다 숨겨진 이야기를 제공하는 경우(주로 신문에서 박스로 처리해서 박스기사라고도 하며, 가십, 기자수첩 등으로 이름 짓기도 함)
- 캡션 기사 : 사진을 중심으로 뉴스를 전달하는 것. 기사는 사진을 설명하는 위주로 처리함
- 칼럼 : 필자 의견이나 주장이 들어가는 외부기고, 취재 일기 등의 경우
- 사설 : 언론사의 논설위원들이 해당 언론사의 공식적인 입장을 갖고 논조를 펴는 기사를 말함

---

**참고 배포 보도 자료의 종류**

- 주로 보도기사형, 캡션형(사진중심)이 대부분이다. 보도 자료를 기획해설형, 피쳐형(감동있는 미담)으로 배포하는 경우는 흔하지 않고 대부분 기자들이 보도기사형 보도 자료를 보거나 소문을 듣고 추가적인 기획조사나 인터뷰를 통해 기사를 작성하는 경우가 많다.
- 언론운영재단에서 정의한 기사 종류 : 가십, 기획/연재, 뉴스, 명단, 사고, 사망, 스케치, 좌담/대담, 사설, 인물평, 인터뷰, 일지/용어해설, 칼럼/논단, 텍스트 통계, 해설 등

---

**Note 기자들의 은어**

기자실에 들어가 이야기를 하다보면 일반인이 잘 사용하지 않는 은어를 기자들이 쓰는 경우가 있다. 반 이상은 일본말의 잔재가 있어 안쓰는 기자들도 있지만 은연중에 말하다보면 그들의 언어를 알고 빨리 상황을 이해할 필요가 있다.

- 야마 : '산(山)'을 뜻하는 일본어. 기사의 핵심 내용, 기자의 관점을 의미
- 나와바리 : 줄을 던져 닿을 수 있는 거리란 뜻의 자기영역을 가르키는 말로 경찰

청, 미래부, 국회, 청와대 등과 같은 기자들이 맡은 출입처를 의미
- 마와리 : 출입처를 순회 하는 것. 별일이 없더라도 주기적으로 정보 확인 차원에서 출입처를 방문
- 물먹다 : 낙종을 의미하며 '도꼬니끼'라고도 함
- 반까이 : 낙종하고 만회 하는 것
- 독고다이 : 단독 보도, 특정을 의미
- 조지다/빨다 : '조지다'는 기사로 출입처나 어떤 대상을 비판하는 것, '빨다'는 호의적인 기사를 쓰는 것을 의미
- 야로 : 남에게 숨기고 있는 우물쭈물한 속셈이나 수작, 정보를 숨긴다는 의미
- 우라까이 : 뒤집다, 계획을 변경하다는 일본말로 다른 사람의 기사를 베껴서기사 내용을 바꿔씀
- 오이엠 : 청탁성 기사
- 쪼찡 : 홍보성 기사
- 초치기 : 기사를 사실 그대로 쓰라는 의미로 너무 양념을 치지 말라는 의미
- 킬 : 보고한 취재 아이템의 가치가 떨어져 기사를 데스크에서 보도하지 말도록 한 것
- 풀(pool) 취재 : 기사를 공유한다는 의미
- 엠바고 : 제보자가 기자에게 제보를 하는 대신 지금 당장 기사화 하지 말고 약속된 날짜에 기사를 내보내 달라고 하는 기한

## 3. 전략적 언론홍보 계획

홍보담당자는 연구성과에 따른 기사를 시기적절하게 내보내기 위해 항상 보도자료를 언론에 배포할 준비를 해야 한다. 이와 더불어 기본적인 연간 행사와 같은 정기적인 홍보업무를 병행해야한다. 유동적이고 능동적인 언론홍보를 위해서는 전략적인 계획을 세우는 것이 필요하다.

### (1) 전략적 언론홍보계획 문서체계

#### ❖ 기관홍보 기획서(중장기)

① 목적 : 신임기관장의 취임과 더불어 경영목표와 중점연구 계획에 근거해 재임기간 동안 전반적인 홍보 마스터플랜을 수립함

② 대상기간 : 3~5년

③ 주요내용 : 방향과 전략, 단계별 목표와 언론홍보, 기관장홍보, 출판물홍보, 디지털홍보, 해외홍보, 방송활용 홍보 등 홍보업무 전반의 방향과 단계적 연차적 프로그램 계획을 포함

④ 수립방법 : 홍보부서가 기본계획서 작성 후 2~3회의 워크샵을 통해 수립

⑤ 참석자 : 기관장, 경영지원본부장, 전임홍보부서장, 홍보실장 및 홍보팀 직원, 연구부서 책임자 각 1명, 정책실장, 언론홍보자문위원(외부)

⑥ 분량 : 20~30 페이지

#### ❖ 홍보전략 계획서(단기)

① 연간홍보 계획서 : 기관홍보 기획서에 근거해 당해연도 세부 프로그램 운영계획하고 일정을 수립한다.(분량 : 10페이지 내외, 작성시기 : 연초)

그림 2-2. 기관홍보기획서

② 분기별 언론홍보계획서 : 연간 홍보계획과 분기별 이슈, 언론사 협의 사항을 반영한 상세일정과 프로그램 계획한다.(분량 : 5페이지 내외, 작성시기 : 분기 말)

③ 월별언론홍보계획서 : 홍보방향과 월별 이슈, 홍보목표, 추가홍보 아이템, 변경된 내용, 관련매체를 포함한 실천 계획서로써 기획홍보, 성과

보도, 기고/인터뷰 계획, 행사계획 등 전반적 계획을 수립(분량 2~3p 이내)하는 별첨문서로 개별 항목별 내부품의 문서를 함하는 상세 홍보 전략 계획서이다.

④ 홍보실적 및 계획(단기) : 실적 및 계획 정기회의 보고 서류로써 간단한 목록만을 포함한다.

---

**참고** **홍보계획문서 체계**

- 기관홍보 기획서
- 연간 홍보계획서
- 분기별 언론홍보 계획서
- 월간홍보 계획서
- 주간홍보계획

---

**참고** **주간홍보계획 예시**

KIST 주간 홍보계획

- 기간 : 13. 1. 13~
- 담당 : 홍보실 홍보팀 윤○승 팀장/한○향 선임

| 일자 | 주요내용 |
|---|---|
| 1.13(월) | 〈보도 예정〉 연료전지 연구<br>내용 : 우리 원 연료전지 연구소개<br>관련 : 조○애 박사 연료전지센터/언론사 : 한국경제 |
| | 〈보도 예정〉 대한민국 과학자(김○현 박사)<br>내용 : 김○현 박사 소개 및 뉴런 게재 연구 성과 소개<br>관련 : 김○현 박사(기능커넥토믹스 연구단)/언론사 : 전자신문 |

| | |
|---|---|
| 1.14(화) | 〈보도 기획〉 겨울철 전력난, 에너지 관련 연구 기획<br>내용 : 전력난 해소를 위한 신 · 재생에너지 관련 연구, 에너지 저장 소재 및 기술 등 소개<br>관련 : 연료전지, 청정에너지, 고온에너지 재료 등/언론사 : MBC |
| | 〈보도 기획〉 가정 및 어린이집 내 대기오염 실태<br>내용 : 가정 및 어린이집 내에서의 공기 오염도 측정 및 대책 소개<br>관련 : 배○남 단장(환경복지연구단)/언론사 : MBC |
| 1.15(목) | 〈보도 자료〉 그래핀의 특성을 가진 탄소시트 제작<br>내용 : 그래핀과 유사한 탄소시트를 쉽고 대량산산 가능한 방법으로 제작<br>관련 : 조○익 박사(전북 탄소융합소재센터) |
| 1.16(금) | 〈보도 기획〉 디지털 사이니지<br>내용 : 우리 원 대형 멀티 터치 스크린 소개<br>관련 : 박○형 박사(실감교류로보틱스)/언론사 : 아리랑 TV 비즈라인 |
| | 〈보도 기획〉 아트레지던시 입주 왕○원 작가<br>내용 : 우리 원 아트레지던시 왕○원 작가 소개 및 레지던시 프로그램 소개<br>관련 : 왕○원 작가 및 뇌과학 연구원 등<br>언론사 : SBS 컬쳐클럽(매주 목요일 1시 방송) |

### (2) 홍보목표에 따른 홍보방식 설정

#### ❖ 연구성과 홍보

연구성과 홍보의 대표적 방법은 성과의 내용을 보도 자료로 배포하는 것이다. 좀 더 자세한 설명을 위해 기자단 브리핑을 병행하기도 한다. 또한 그간 축적된 성과와 해당연구에 대한 사회적 기대를 포함하여 기획보도로 상세하게 알리기도 한다. 출판물을 통해서 홍보하는 것은 전문가 집단에 대한 가장 유용한 홍보방법이다.

- 보도 자료 배포 : 컨텐츠 발굴 → 자료준비 → 배포 → 보도
- 기획보도 : 컨텐츠 발굴 → 매체섭외 → 취재 → 보도
- 기자단 브리핑 : 컨텐츠 발굴 → 자료준비 → 브리핑 → 보도
- 논문집 배포 : 컨텐츠 발굴 → 담당자협의 → 출판물 제작회의 → 출판 → 배포

### ❖ 정책홍보, 사회현안 이슈 대응

녹조, 청소년 폭력, 치매 등 국민들이 관심을 갖을 만한 현안들은 종합적인 접근이 필요하다. 이에 대한 다양한 의견을 제시하거나 전문가적 입장에서 기술과 정책을 포함한 체계적인 대안을 제시하는 방법으로 기고나 토론회/포럼 등을 통한 방법이 효과적이다.

- **기고** : 이슈 선정 → 기고문 작성 → 매체섭외 → 게재
- **토론회/포럼** : 이슈 선정 → 기획서 작성(언론주도, 언론공동) → 전문가 섭외 → 행사개최 → 보도

### ❖ 기관경영 및 조직문화홍보

기관을 홍보하는 이미지 홍보의 한 가지 방법으로 기관의 여러 가지 경영 활동을 언론에 노출시키는 방법이 있다. 사회공헌 활동이나 미담, 앞서가는 제도 운영에 대해 아이템을 발굴하여 취재를 요청한다. 소식지나 블로그를 통해 홍보하기도 한다.

- **취재보도** : 컨텐츠 발굴 → 매체섭외 → 취재 → 보도
- **방송 교양/예능 프로그램** : 컨텐츠 발굴 → 매체섭외 → 촬영 → 방송
- **소식지/블로그** : 컨텐츠 발굴 → 담당자협의 → 출판물 제작회의 → 출판 → 배포

### ❖ 해외홍보

해외홍보는 대부분 해외 보도 서비스 업체를 활용하거나 아리랑 TV와 같은 해외송출 방송 매체를 활용하여 홍보한다.

- **해외 보도서비스 업체 활용** : 컨텐츠 발굴 → 자료준비 → 번역 → 배포 → 보도
- **방송 교양/예능 프로그램** : 컨텐츠 발굴 → 매체섭외 → 촬영 → 방송

### (3) 홍보전략 수립 고려요소

**❖ 전략홍보 5대 상황요소**

- 내부 요소 : 기관장의 홍보의지, 홍보가용 예산, 기관홍보목표
- 외부 요소 : 기관의 브랜드인지도, 사회적 이슈

① 기관장의 홍보의지 : 기관장의 홍보에 대한 의지는 홍보 활동을 얼마나 비중 있게 생각하고 어떤 방향으로 고려하고 있느냐에 따라 막대한 영향을 주기 때문에 기관 홍보의 핵심요소이다.

② 홍보가용 예산 : 사용가능한 홍보 예산을 어느 정도까지 확보가 가능한지, 또한 예산 편성의 유무에 따라 홍보전략과 전술이 달라질 수 있고 그에 따른 활용 미디어를 달리할 수 있다. 결국 홍보의 효과에서도 많은 차이가 생긴다.

③ 기관홍보목표 : 기관 홍보의 목표와 예산에 따라 기관이 진행하는 캠페인의 기간을 결정하고, 기관이 전하려는 메시지의 방향과 정도를 조율한다.

④ 기관의 브랜드 인지도 : 공중의 기관에 대한 인지도는 그 정도에 따라 수용하는 태도와 평가도 다양하다.

⑤ 사회적 이슈 : 신문이나 TV 등의 매체와 같은 언론을 통해 공중에게 메시지를 전달할 때에는 사회적인 이슈의 유무와 파급력의 정도가 많은 영향을 미친다. 이는 소재에 따라 즉각적인 홍보와 연결될 수도 있으며 홍보활동의 성패를 좌우할 수 있다.

**❖ 일반적 홍보전략**

홍보전략은 기관의 5대 상황요소에 따라 크게 4가지로 나누어 구분할 수 있다. 물론 홍보 담당자에게 있어서 가장 이상적인 상황은 내부요소와 외부요소를 원활하게 활용할 수 있는 경우에 다양한 매체를 통해 홍보활동을 구사할 수 있다. 하지만 현실적으로 항상 내외부 요소에 한계가 있기 때문에 〈표

**표 2–8.** 전략홍보 요소와 4대 전략 (O–ABC PR)

| 외부요소 | | |
|---|---|---|
| 높음 ⇧ | ① 브랜드 활용 홍보전략<br>(Brand application PR) | ② 공격적 미디어 홍보전략<br>(Offensive Media PR) |
| 외부요소 | 홍보목표 | |
| ⇩ 낮음 | ③ 저비용 관리홍보 전략<br>(Cheap management PR) | ④ 광고위주 홍보전략<br>(Advertisement–oriented PR) |
| | 낮음 ⇦ 내부요소 | ⇨ 높음 |

2–8〉에서는 4가지 전략으로 구분하였다. 홍보의 상황이 항상 절대적인 상황은 아니기 때문에 모호한 상황도 있을 것이므로 하나의 전략이 아니라 여러 전략을 복합적으로 응용해야한다. 현실적인 적용을 위해 홍보 담당자는 다양한 홍보방법의 이해와 통찰력을 지닐 수 있도록 항상 노력해야 한다.

① 브랜드 활용 홍보전략

– 조건 : 기관의 브랜드가 우수하거나 공익적 성격의 조직

– 홍보방식 : 언론 중심의 성과홍보와 공익홍보, 기관장이미지(PI)홍보, 이벤트 홍보

② 공격적 미디어 홍보전략

– 조건 : 미디어를 구매할 정도의 가용예산 충분, 기관장의 홍보의지 높음, 대기업 등

– 홍보방법 : 광고를 포함한 다양한 미디어 활용 전방위 홍보

③ 저비용 관리홍보전략

– 조건 : 홍보예산, 기관장의지, 브랜드 인지도, 사회적 이슈관련성이 적은 경우

– 홍보방식 : 예산이 적게 드는 온라인 홍보, 휴먼홍보, 사내홍보, 구전홍보 등 활용

④ **광고위주 홍보전략**

– 조건 : 홍보예산과 기관장 의지는 높으나 브랜드나 사회적 이슈가 낮은 경우

– 홍보방식 : 홍보 예산을 충분히 활용한 매체 광고나 홍보물 중심의 홍보, 제품중심의 PPL(product placement)홍보 등

연구기관의 언론홍보 전략

# 제2부
# 언론을 활용한 홍보

3. 보도 자료 활용한 홍보
4. 언론브리핑과 기자간담회
5. 언론 공동기획
6. 인터뷰 기사의 활용
7. 기고의 활용
8. 홍보이벤트 (포럼 및 행사 공동기획)
9. 디지털 홍보
10. 해외홍보

제3장

# 보도 자료 활용한 홍보

## 1. 보도 자료 배포(press release)

기사화를 목적으로 보도 자료를 작성하여 언론사에 보내는 작업을 프레스 릴리즈(press release) 또는 퍼블리시티(publicity)라 한다. 보도 자료는 보통 신문 기사 작성과 동일한 방법으로 작성하며, 언론 노출을 통한 성과 및 정책홍보 목적이 있다. 크게 취재기사용 원고와 보도용 사진으로 구성된다.

### (1) 언론 보도채널 활동

언론은 보통 비통제성 미디어라고 불리기도 한다. 비통제성 미디어는 신문(신문기사, 사진, 논평, 인터뷰, 기고 등), TV(뉴스, 기자회견, 방송인터뷰, 대담 등), 라디오(인터뷰, 뉴스 등), 인터넷뉴스(인터넷 언론, 주요포털 게시글, 국민 참여와 민원 등)로 구분된다. 반면에 통제성 미디어는 개별기관에서 활용하고 있는 인쇄물(소식지, 팸플릿, 정책 자료집)과 영상물, 홈페이지가 있다. 언론은 지역에 따라 전국언론(신문과 방송, 전문지 포함), 지역 언론사(신문과 방송) 등으로 나누어진다. 연구기관에서 국민에게 알리고자 할 때 가장 자주 사용하는 방법은 신문을 활용하는 것이다.

### (2) 홍보를 위한 신문 활용

신문 활용은 첫째 기사지면에 싣는 방법과 둘째는 광고지면에 게재하는 방법이다. 그러나 광고는 비용을 부담해야 하므로 가급적 비용이 없는 기사가 더욱 선호해야 할 방법이다. 광고는 게재 비용에 따라 시기, 크기, 메시지 내용을 통제할 수 있으나, 기사의 경우는 크기, 게재시기, 내용 등이 언론에 의해 선택되어지므로 기사화하기 위해서는 많은 준비와 정보가 필요하다.

## 2. 보도 자료의 가치

보도 자료란 언론에 홍보하고자 내용을 일정한 형식에 맞춰 배포하는 보도 요청자료이다. 언론학에서 보도 자료를 '팩 저널리즘' 또는 '캔 저널리즘'이라고 부르는 이유는 보도 자료들이 거의 완성된 기사형태로 기자들에게 전달되어 오기 때문에 별다른 취재 노력 없이 바로 기사화 할 수 있다는 뜻에서 사용된다. 기자가 알아서 다시 쓰겠지라는 안이한 생각보다 받아서 바로 게재할 수 있는 수준 있고 가치 있는 보도 자료를 작성해야 한다. 좋은 보도 자료가 되기 위해서는 뉴스로서 가치가 있어야 한다. 언론학자 알트와 에머리는 시의성, 근접성, 저명성, 영향성, 흥미성 등 다섯 가지를 뉴스 가치로 제시했다.

### (1) 시의성

시의성은 얼마나 최근에 발생한 사건인지 또는 시의적절한 뉴스인지에 대한 것이다. 예를 들어 연구결과가 발표되어 보도하는 경우 최신의 정보가 아니라면 보도 자료로 채택될 가능성이 떨어지게 된다. 또한 녹조피해가 한참인 여름에는 관련 연구동향이나 관련 해결기술에 대해 알리는 것이 시의적절한 뉴스가 될 수 있을 것이다. 이를 위해서는 최근의 사회적인 이슈에 맞춰 연구 성과나 내부 경영활동, 기고 등을 개발해 내는 홍보담당자의 기획력이 매우 중요하다.

### (2) 근접성

근접성은 뉴스가 발생한 곳이 독자와 얼마나 가까운 지역에서 일어나는가에 대한 것이다. 그래서 언론의 경우 신문이나 방송등 주요 매체가 지역 섹션이나 방송시간대를 갖고 있게 되는 것이다. 물론 국가적인 일이라면 전국방송이 좋겠지만 강릉에 있는 분원, 전북에 있는 분원과 같이 지역주민에게서 큰 관심을 끌 만한 뉴스는 사장시키지 말고 지역 언론을 통해 보도되도록 유도해야 한다.

### (3) 저명성

저명성은 뉴스와 관련된 인물이 얼마나 잘 알려진 사람이냐에 대한 것이다. 대통령이나 유명연예인의 활동은 뉴스가 될 가능성이 더 많다. 언론에 많이 노출이 되어 저명해지는 사람들도 있다. 저명성은 신뢰를 주기도 하며 관련된 기관의 가치를 덩달아 높여주기도 한다. 저명인사 참여를 적극 보도하고 연구자를 자주 언론에 노출시켜 저명인사로 부각시키는 노력이 필요하다.

### (4) 영향성

영향성(impact)은 다섯 가지 뉴스가치 가운데 가장 중요한 요소라 할 수 있다. 예를 들어 전염병 발생이나 신약의 개발, 세금인상, 북핵문제 등 국민 대부분에게 영향을 미칠 수 있어 관심을 갖게 된다. 연구소의 경우 새로운 기술이 국민의 생활이나 건강, 산업생산에 큰 영향을 줄 수 있다면 기사화될 가능성은 더 커지게 된다. 보도 자료도 이러한 영향성의 가치에 초점을 두고 작성하여 배포한다면 효과적이 될 것이다.

### (5) 흥미성

연구자의 특이한 경력이나 사연은 흥미를 갖게 만들 수 있다. 의사출신으로 연구소에 들어와서 연구하게 된 사연, 어렸을 때 뇌질환으로 부모님을 여

의고 뇌과학을 연구하는 연구자, 코끼리의 귀가 방열판 역할을 해서 체온을 유지한다는 연구결과 등 독자에게 재미를 줄 수 있는 기사로 흥미를 끌 수 있다. 과학기사는 다소 전문적이고 학술적인 용어들이 독자의 흥미를 잃게 만들 수 있다. 사실을 전달하는 것도 중요하지만 쉬운 용어를 찾고 실생활과 연결지어 설명하여 독자의 흥미를 유발시키는 노력이 필요하다. 기사의 성격을 사실전달 위주의 경성뉴스와 인간적 관심사에 중점을 둔 연성뉴스로 나누기도 하는데 요즘에는 독자의 흥미를 자극하기 위해서 똑같은 뉴스도 사람 냄새나 스토리를 가미한 연성뉴스로 보도하기도 한다.

## 3. 보도 자료의 작성방법

### (1) 구성

헤드라인, 리드, 본문으로 구성한다. 헤드라인은 글 전체의 핵심을 명확히 알 수 있어야 하며, 리드는 본문이 주장하는 바를 함축적으로 표현해 관심을 끌 수 있는 문장으로 구성한다. 본문에는 보도내용을 상세히 담되, 자료가 많을 경우 별첨으로 구성한다.

### (2) 헤드라인(제목) 작성

기사의 제목을 잡는 것은 편집자의 역할이지만 보도 자료를 배포하는 입장에서도 보도 자료의 제목을 명시해서 보낼 필요가 있다. 특히 과학과 같이 어려운 주제의 경우에는 편집자들도 전문적인 지식이 없는 경우가 많기 때문에 핵심적인 메시지를 잡아내는데 시간이 걸린다. 따라서 보도 자료를 제공할 때 가장 핵심적인 내용으로 제목을 정할 필요가 있다. 이해하기 쉽고 분명하며 재미있는 내용으로 제목을 제공할 필요가 있다. 비유적 표현이나 문학적 표현, 재미있는 카피를 패러디 하는 것도 좋은 방법이다.

### 헤드라인 작성 Tip

① 제목은 전략이다

보도 자료의 작성에 있어 제일 힘들게 느껴지는 것이 헤드라인 작성이다. 많은 보도 자료를 읽는 기자의 눈에 들지 못하는 헤드라인은 최종독자의 마음 또한 끌지 못한다. 'Key message를 헤드라인에 전략적으로 담도록 해야 한다.

② 짧고 굵게, 깊숙이

길면 잘 읽지 않는다. 긴 문장의 한마디가 히트를 친 예를 본 적이 없다. 짧게 탄성을 지르듯이 내뱉어야 한다.

③ 대구를 활용하자

실제 신문에 나온 헤드라인을 봐도 대구가 많다. '~지만 ~이다'의 틀이나 '~있습니다. ~없습니다.'와 같은 대구를 활용한 문구는 이해하기도 쉽고 본문을 잘 드러내는 효과도 있다.

④ 핵심으로 바로 들어가라

두루뭉술하게 이야기하지 말라. 구체적이고 사실적인 내용을 담는다. 핵심을 포장하기 위해 과장하거나 진부한 수식어구는 최대한 피하는 것이 좋다.

⑤ 결론적으로 명확한 제목이 좋다

간단하고, 짧고, 단어의 구성이 적절하고, 흥미롭고 기억하기 쉬운 것이 좋다.

⑥ 이런 단어는 피하자

막연한 단어, 어려운 단어, 고도의 전문용어, 잔소리, 부정적 단어, 과장된 단어, 너무 미화한 단어, 수식어, 추상어는 되도록 피하는 것이 좋다.

## 참고 언론보도 제목(귀 달린 CCTV)과 리드 예시

서울신문 2012년 04월 27일 27면 (인물)

소리 나는 방향으로 스스로 카메라 돌려 촬영

**'귀 달린 CCTV' 개발**

최종석 KIST 박사팀

영상 정보뿐 아니라 소리에도 민감하게 반응하는 이른바 '귀달린 폐쇄회로(CC)TV'가 개발됐다. 촬영 대상과 음향에 초점을 맞춘 녹화와 분석을 통해 빠른 시간 안에 상황 파악이 가능할 전망이다.

●비명·폭발음 등 8가지 소리 구분

최종석(사진) 한국과학기술연구원(KIST) 박사팀은 "소리가 나는 방향으로 카메라를 돌리는 음원방향 검지기술을 적용한 보안카메라를 만들었다."고 25일 밝혔다.

이 CCTV는 설치된 지역에서 비명소리나 폭발음 등 일정 수준 이상의 이상음원이 나면 일상소음과 구별해 감지하고, 스스로 방향을 돌려 원격상황실에서 해당 지역을 볼 수 있게 하는 시스템을 갖췄다.

지금까지 CCTV에 청각적 기능을 접목하려는 시도는 많았지만, 상용화된 사례는 거의 없다. CCTV에 녹음장치나 스피커를 설치하더라도 원격상황실에서 현장에서 발생하는 모든 종류의 소음을 일일이 듣는 것이 현실적으로 불가능했기 때문이다.

연구팀은 소리를 효율적으로 탐지하기 위해 주위 소음과 특정 소리를 분리할 수 있는 '소리발생자동감지' 기술을 개발했다. 주변이 조용할 때는 작은 소리에도 반응하지만, 소음이 많은 낮 시간에는 청소기나 TV 등 가전제품에서 나오는 음향보다 더 큰 소리가 났을 때만 작동하도록 한 것이다. 또 음원분류(SSC) 기술을 적용, 사람의 비명소리, 유리창 깨지는 소리, 폭발음, 문이 닫히는 소리 등 보안과 관련된 8가지 종류의 소리를 구분할 수 있도록 했다.

게다가 음원방향검지(SSL) 기술을 더해 소리가 전달되는 과정에서 벽이나 가구 등 주변 물체에 반사되는 반향음 때문에 CCTV가 방향을 잘못 인식하는 오인율을 줄였다. 연구팀은 현재 실내환경에 이 CCTV 기술을 … 실외환경 … 테스트를 …

●"학교 … "

최 박 … 국내에서 벌어지는 심각한 사건들을 보면서 기술 개발을 서두르게 됐다."면서 "빠른 시일 내에 기업과 공동작업으로 제품을 출시해 성폭행이나 학교폭력 등을 예방하는데도 역할할 수 있기를 희망한다."고 말했다.

박건형기자 kitsch@seoul.co.kr

(17.0*13.0)cm

국민일보 2012년 04월 27일 08면 (사회)

**비명소리 듣는 CCTV 나온다**

KIST, 8가지 음성 감지기술 개발 곧 실용화

최근 강력범죄가 잇따르고 있는 가운데 소리가 나는 방향으로 카메라를 돌려 화면을 전송하는 CCTV가 개발돼 범인 추적과 범죄 예방에 큰 도움이 될 것으로 보인다.

한국과학기술연구원(KIST) 바이오닉스연구단 최종석 박사팀은 시끄러운 환경에서도 비명소리와 폭발음 등을 구별해 감지하는 기술을 개발, CCTV에 접목했다고 26일 밝혔다.

이번에 접목한 청각기능의 핵심 기술은 크게 세 가지다. 먼저 주위 소음보다 더 큰 소리가 들려왔을 때 반응하도록 하는 소리발생자동검지(ASD) 기술을 담았다.

연구팀은 이렇게 감지한 소리를 음원분류 기술을 통해 사람 비명소리, 유리창 깨지는 소리, 폭발음, 문 닫히는 소리 등 보안에 관련된 8가지 소리로 구분할 수 있게 만들었다.

연구팀은 청각기능을 갖춘 CCTV를 상용화하기 위해 최근 실외환경에서 시험 중이다.

최 박사는 "최근 국내에서 벌어지는 사건들을 지켜보며 기술 완성을 서두르게 됐다"며 "앞으로 기업과의 공동연구를 통해 제품으로 연결, 성폭행과 학교폭력을 줄이는 데 기여하길 바란다"고 말했다. 서윤경 기자

(15.6*8.0)cm

### (3) 리드 작성

리드는 헤드라인 다음으로 중요하다. 심지어 리드를 쓰면 기사의 절반을 쓴 것이라고도 한다. 기자는 리드만을 읽고 전체 내용을 판단한다. 그렇기 때문에 기자의 호기심을 자극할 수 있는 내용이 포함되어야 하고 전체 내용을 한눈에 알 수 있도록 분명한 내용이 담겨 있어야 한다.

### 리드 작성 Tip

① 돌직구를 던져라.

빙빙 돌려서 말하지 않고 가장 정확한 것을 찾아 깊숙이 찔러야 읽는 사람에게 짜릿한 느낌을 줄 수 있다.

② 새로워야 한다.

제목이 시선을 잡고 호기심을 끄는 것이라면 리드는 앞서 말했던 느낌을 온전히 전해주는 것이다. 읽는 이에게 전혀 새로운 이야기는 호기심을 끌 수 있는 중요한 요소이다.

③ 하나만 말한다.

홍보담당자로서 많은 이야기를 담고 싶을 것이다. 잡다한 이야기들은 빼고 하나의 이야기만 물 흐르듯 쓰는 것이 좋다. 빈틈을 찾아 그 곳에 깊숙이 찔러 넣는다. 하나만으로 충분히 시선을 끌 수 있다. 못 다한 이야기는 본문에 담으면 된다.

### (4) 본문 작성

기사는 육하원칙에 의해 작성이 되므로 보도 자료는 반드시 핵심내용에 '언제, 어디서, 누가, 무엇을, 왜, 어떻게'에 대한 것이 반드시 포함되어야 한다. 특히 이러한 내용은 보도 자료의 서두에 포함되도록 배치하는 게 좋다. 뉴스를 발생 순서대로 적는 것이 아니라 중요한 순서대로 배치하는 것을 '역피라미드형 기사구조'라고 한다. 역피라미드형 기사구조에서는 기사의 첫 번째 혹은 두 번째 문장까지를 리드라고 부르면서 기사의 가장 핵심적인 내용을 적는다. 리드 다음에 이어지는 본문에서는 그보다 덜 중요한 내용을, 그 다음에는 그보다 덜 중요한 내용을 적도록 하면 된다. 이렇게 중요한 내용부터 보도 자료의 앞부분에 적는 것은 취재와 편집에서 오래전부터 사용되는 관행이다. 기사내용을 잘 모르는 편집자들도 뒷부분은 덜 중요한 내용이 있다고 관행적으로 알고 있기 때문에 기사길이를 조절할 필요가 있을 때 뒷부분부터 기사를 삭제하는 경향이 있다. 따라서 뒷부분에 중요한 내용을 배치하면 편집과정에서 삭제될 우려가 있다.

### 리드 작성 Tip

① 내용의 품질은 활동량에 비례한다.

보험왕은 인터뷰에서 영업 실적은 활동량으로부터 온다는 말을 종종 하는 경우를 볼 수 있다. 아이디어를 찾고 또 찾아서 공중에게 다가갈 수 있는 자료를 고치고 또 고쳐서 만들어야 한다는 뜻이다.

② 보도 자료의 끝마무리가 바디카피다.

제목에서 멋지게 시선을 끌었고, 리드에서 선방했지만 바디(본문)에서 실패하는 경우가 많다. 마무리가 부실하면 모든 노력이 수포로 돌아간다. 체크리스트를 만들어 전화번호, 이메일 주소, 로고 하나하나 꼼꼼하게 챙기도록 한다.

③ 고치고, 고치고, 또 고치자!

고민해서 써놓은 보도 자료를 시간이 지나 다시 읽어보면 우습게 황당하게 느껴질 경우가 많다. 핵심이 빠진 경우도 많다. 보도 자료가 완성되었더라도 다시 한 번 읽어보도록 한다. 더욱 탄탄해진 보도 자료를 얻을 수 있는 가장 좋은 방법이다. 어차피 홍보담당자에게 최고란 없다. 최선이 있을 뿐이다.

### 참고 보도 자료 서식 샘플

News Release THE KIST, Making New History

- 날짜 : 2013년 7월 8일(월) 담당 : 한○향(email : kist1@kist.re.kr)
- 한국과학기술연구원 KIST 홍보팀/TEL. 958-6313/FAX. 958-6159
- www.kist.re.kr

## 박사들이 만드는 될 만한 '名品창업'

– KIST, '기술창업 전문인력' 채용, 기술 · 인력 · 인프라 등 창업 지원

한국과학기술연구원(KIST, 원장 문길주)이 '기술창업 전문인력'을 채용하여, 창조경제 시대 성공 창업을 위한 본격적인 지원에 나섰다. KIST는 지난 6월 28일

기술창업을 희망하는 인력 3명을 채용하고, 이들에게 성공 창업을 위한 기술 지원 등 다각적 지원을 펼칠 예정이다.
5월부터 진행된 채용은 창업을 희망하는 지원자들의 관심이 높아, 12:1이 넘는 높은 경쟁률을 보였다. 높은 경쟁률을 뚫고 최종 합격한 이들은 장상권 박사, 권택민 박사, 김의석 박사 3명이다. 공교롭게도 모두 박사학위를 가진 이들은 모두 기업을 운영한 경험이 있고, 기술개발 경력이 있는 인력들이다. 이들은 3개월 간 이러한 경험을 살려, KIST가 보유 기술한 기술을 창업으로 연계할 방안을 고민하게 된다.

---

### (5) 보도 자료의 분량과 형식

보도 자료의 길이는 A4용지 한 페이지 정도가 적당하며 가급적 두 페이지를 넘지 않는 것이 좋다. 한두 페이지 내에 핵심적인 내용을 효과적으로 배치하며 부득이 길어야 하는 경우 붙임자료를 활용하면 좋다. 보도 자료를 작성하는 입장에서는 다양한 내용이 실리기를 바라지만 현실적인 지면 사정을 고려하면 생각을 바꾸어야 한다. 개조식 문장보다는 완성형 문장을 사용하며, 명확한 용어와 짧고 쉬운 문장으로 작성하는 것이 좋다. 보도 자료는 각 기관마다 제공하는 서식이 있어 보도 자료의 내용 뿐 아니라 배포일, 보도일, 담당자, 기관명, 연락처등과 같은 보도관리 정보를 적도록 하고 있다. 아래의 참고자료는 미래창조과학부와 한국과학기술연구원(KIST)의 서식이다. 특정일부터 보도되기를 원하면 "ㅇㅇ월 ㅇㅇ일부터 보도해 주시기 바랍니다."라는 문구(엠바고)를 넣는다. 본문에는 제목과 부제목을 적고 보도 자료 내용을 기술해 나간다. 용어설명이나 부가 설명 자료가 있는 경우 첨부를 적극 활용한다.

**Note 엠바고 규칙**

• 엠바고란
– 취재한 내용에 대해 보도를 일정기간 미루기로 약속하는 것

• 엠바고를 거는 경우

– 영향력 있는 보도 자료의 경우 엠바고는 중요한 역할을 하며, 취재원이 요청하는 경우도 있고 기자들끼리 합의에 의해 이루어지는 경우도 있음. 취재원이 요청하는 경우 합리적 이유가 있어야하며 취재원의 일방적 편의를 위한 설정으로 비칠 경우 보도에 악영향을 끼칠 우려가 있으니 주의하여 엠바고 설정을 해야 한다.

• 엠바고 문구 위치

– 보도 자료 '보도제목' 위에 잘 보이는 위치 또는 발송메일에 표시

• 엠바고 문구 형식과 의미 (배포일 : 10월 2일(목) 8시 30분 or 10월 1일(수) 저녁)

– 형식1 : "10월 3일(금) 조간부터 보도하여 주시기 바랍니다."
 "단, 통신/방송/인터넷 매체는 10월 2일(목) 12:00 이후부터 보도 가능"

– 형식2 : "10월 3일(금) 부터 보도하여 주시기 바랍니다."

– 형식3 : "10월 3일(금) 11시 이후 보도하여 주시기 바랍니다."

– 형식4 : 엠바고 문구 생략

• 엠바고 어길시 기자단에서의 조치

– 출입처 기자실 출입금지, 보도 자료 배포 금지(*기자단 마다 다름)

• 다양한 상황

– 해외저널에 발표한 논문에 게재보도 엠바고 풀리는 시간이 있는 경우 시간을 지정함

– 석간의 보도

– 인터넷 매체의 보도

---

**이야기 窓 엠바고 관련 홍보담당자의 말**

"엠바고 관련 이런 경우도 있었어요. 원전수주 관련해서 한 달 정도 되는 기간 동안 엠바고가 있었습니다. 당시 계약 막판에 대통령이 아랍 에미레이트로 떠나고 수주를 따냈을 때의 극적 효과를 위해 그의 측근 대변인들은 그렇게 기자들의 입을 엠바고로 봉합 했습니다. 좀 찜찜했죠. 당시 원전 시장은 줄고 있고 그나마도 중국 일본에서 대부분 해먹을 것이라는 게 국제기구의 전망인데 우리나라에서 원자력에 더 투자한다는 얘기나 안 나오길 바라는 마음이라 해명하더군요."

보도 자료는 각 기관마다 사용하던 서식과 그간 배포한 보도 자료를 참조해서 기본형식을 활용하고 본문과 제목을 작성하는 데는 별도의 글쓰기 훈련(예를 들어, 단문사용, 수사자제, 주어술어 일치, 접속사사용 자제, 제목 뽑기 등) 노력을 해야 한다. 보도 자료 문장은 5가지 원칙 '① 사실을 기반으로 ② 맞춤법에 맞게 ③ 중학생이 이해할 만한 쉬운 말로 ④ 짧고 메시지가 명료하게 ⑤ 객관적으로' 쓸 필요가 있다. 연구기관의 자주 내는 보도 자료는 크게 i) 연구성과 보도 자료 ii) 행사나 동정 보도 자료 iii) 기술정책과 연구경영 보도 자료 iv) 인사 경조 보도 자료 등으로 구분할 수 있다.

### (6) 붙임자료의 활용

과학기사의 경우 붙임자료가 필수적이다. 용어설명이나 관련사진 제공은 필수적이라 할 수 있고, 이밖에 연구관련 담당자의 연락처와 프로필, 통계자료 등도 첨부하는 것이 좋다. 특히 보도 자료에서 분량 제한 상 요약적으로 제시할 수밖에 없었던 연구의 의미 등도 구체적이고 상세하게 첨부할 수 있다. 단 붙임자료의 분량이 많아도 괜찮다는 것이 전문자료를 무조건 수십장 첨부해도 된다는 의미는 아니다. 붙임자료도 보도 자료의 일부이므로 기자들이 이

---

**참고 보도자료 및 붙임자료 예시**

---

해할 수 있는 형식과 관심을 가질 만한 내용으로 다듬어서 제시해야 한다. 굳이 기자가 요청한 경우가 아니라면 자신의 영문논문을 첨부한다든지 보고서를 첨부하는 것은 기사작성의 의지를 꺾는 어리석은 일이 된다.

**Note 공공기관의 보도 자료 배포 사전협의**

부서별 업무 담당자는 보도 예정일 1주일 전 목요일 또는 금요일에 홍보실(대변인실)과 협의 하여 다음 주 월~토요일의 조간, 석간 보도일정을 잡는다. 주요 기사가 특정일에 집중되는 것을 해소하기 위해 사전협의가 꼭 필요하며, 정부기관의 경우도 타기관이나 상급부처의 이슈 블랙홀(issue black hole)에 묻히지 않도록 보도일정에 신중할 필요가 있다. 상급부처가 있는 공공기관의 경우도 해당 상급부처 대변인실과 사전 협의를 하는 게 필요하다. 특히 연구 개발사업 성과 발표의 경우 해당연구사업 주관 부처와 사전협의를 통해 보도 자료 내용에 누락이 없도록 조치할 필요가 있다.

## 4. 보도사진 연출

보도 자료를 더 가치 있게 만들기 위해서는 잘 나온 사진 한 장이 중요하다. 백문(白文)이 불여일견(不如一見)이라는 말이 있다. 아무리 논리적이고 신선한 내용의 텍스트라고 하더라도 한 눈에 이해하기 쉽고 시선을 끄는 사진자료 한 장 만큼의 위력을 이길 수는 없다. 사진이나 인포그래픽을 활용한 보도자료는 내용의 특징을 잘 전할 수 있기 때문에 언론에 더 많이 노출될 가능성이 높다. 그렇다면 보도 자료의 사진은 어떻게 연출해야 하는지에 대해 알아보자.

### (1) 사진만으로 기사내용을 담은 사진을 연출하라

보도 자료를 읽기 전에 사진만 보고도 독자가 '누가, 언제, 어디서, 무엇을,

어떻게, 왜'를 떠올릴 수 있는 사진이 이상적이다. 협약식, 조인식 등에서 카메라를 바라 본 채, 사진의 목적과 장소, 일시가 적혀있는 플래카드를 바탕에서 어색한 미소를 지으며 악수를 하고 있는 사진이 대표적이다. 한 눈에 기사의 내용을 어림하여 알 수 있기 때문에 다소 부자연스럽더라도 이미 독자는 받아들일 준비가 되어있다.

### Note 행사 보도사진 촬영 주의사항

1) 행사의 모든 것을 한 장의 사진에 담지 마라.
   사람이 작아지면 쓸모없다.
2) 현수막도 좋지만 행사의 특징을 간파하여 사람 중심으로 찍어라.
   필요하면 연출하라.
3) 주제에 부각해서 화면을 꽉 채워 찍어라.

### 참고 MOU 행사 보도 자료 사진사례

디지털타임스

2014년 07월 01일
20면 (인물)

## "기업 맞춤인재 양성위해 힘모아요"

KIST-UST-두산 전자BG, 계약학과 설치 협약… 하반기 운영

정부 출연 연구기관과 학교, 기업이 맞춤형 인재를 양성해 산업체 연구 경쟁력 강화에 힘을 모으기로 했다.

한국과학기술연구원(KIST)과 과학기술연합대학원대학교(UST), ㈜두산 전자BG는 지난달 30일 서울 하월곡동 KIST 본원에서 'UST 계약학과 설치'를 위한 협약을 체결했다고 밝혔다.

이에 따라 KIST는 두산전자 직원의 역량강화 교육을 위한 나노재료공학 전공 박사학위 과정에 '고분자 에너지 저장소자 분야 계약학과'를 신설, 하반기부터 운영한다. 선발된 학생은 두산전자에서 입학금과 등록금을 지원받고, KIST에서 매달 연수 장려금을 받는다.

지난 2월부터 운영되고 있는 'UST 계약학과'는 출연연 및 UST와 기업이 협약을 맺고 기업 맞춤형 인재를 양성하는 새로운 형태의 교육 프로그램이다. 협약 기업 취업을 전제로 학생을 선발하는 '채용조건형'과 협약 기업 재직자를 대상으로 진행하는 '재교육형' 등으로 나눠 운영된다.

이병권 KIST 원장은 "UST와 협력해 기업 맞춤형 계약학과 운영 대상을 중소기업으로 확대해 중소기업 인력난 해소와 일자리 창출에 기여하겠다"며 "우수한 기술을 산업체에 확산함으로써 창조경제 활성화에 적극 기여하겠다"고 말했다. 이은우 UST 총장은 "기업의 수요를 반영한 계약학과 발굴에 주력해 계약학과를 다른 출연연으로 확대, 산업체 혁신을 이끌어 나가겠다고 밝혔다.

대전=이준기기자 bongchu@dt.co.kr

동현수 두산 전자BG 대표(왼쪽부터), 이은우 UST 총장, 이병권 KIST 원장이 지난달 30일 서울 하월곡동 KIST에서 기업 맞춤형 고급 R&D 인재 양성을 위한 계약학과 설치 협약을 체결한 후 기념촬영을 하고 있다. UST 제공

자료제공 : KIST

## 참고 성과 보도자료 사진 사례

한국경제

과학기술 프런티어 생체분해 합금 개발 석현광 KIST 생체재료연구단장

### "몸 속에서 금속이 저절로 녹아 골절 뼈 복원"

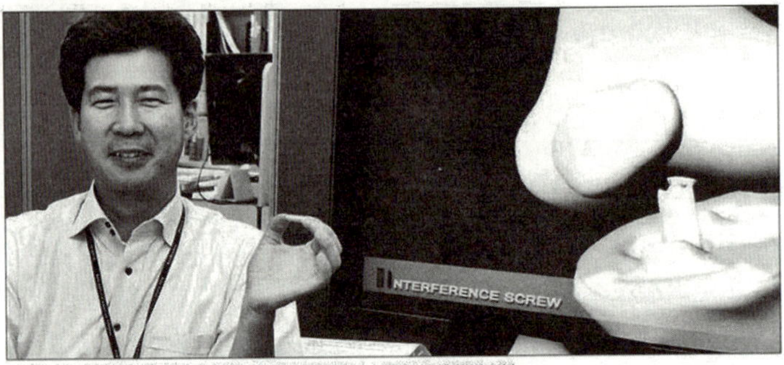


석현광 한국과학기술연구원(KIST) 생체재료연구단장이 연구실에서 '몸 속에서 녹는 금속' 개발 과정을 설명하고 있다.

(전략)

하지만 앞으로는 금속 고정물을 제거하기 위해 2차 수술을 받을 필요가 없어질 전망이다. 몸 속에서 녹는 금속을 상용화하는 데 돌파구가 될 연구가 한국에서 이뤄졌기 때문이다. 주인공은 한국과학기술연구원(KIST)에서 생체재료연구단을 이끌고 있는 석현광 단장이다.

19일 서울 하월곡동 KIST 연구실에서 만난 그는 "몸 속에서 녹는 금속이 실제 의료에 쓰이기 위해서는 강도가 높으면서 뼈가 다 회복될 때까지 충분히 체내에 남아 있을 정도로 분해 속도가 느려야 한다"며 "이 두 가지 조건을 충족하는 합금을 세계 최초로 개발해 임상시험을 진행하고 있다"고 말했다. 연구 결과는 '네이처' 자매지인 '사이언티픽 리포트' 8월호에 실렸다.

◆몸 속에서 녹는 금속 개발

지금 뼈를 고정시키는 용도로 가장 많이 쓰이는 금속은 타이타늄이다. 가볍고 단단하며 인체에 무해하다. 그러나 몸 속에 그대로 두면 뼈에 전달돼야 할 무게와 힘을 금속물이 대신 받아 주변의 뼈와 근육이 약해질 수 있다. 석 단장은 "제거 수술은 주변에 새로 생겨난 혈관을 잘라내고 금속물을 끄집어내야 해 상당히 까다롭다"며 "이 때문에 몸 속에서 녹는 금속을 개발하는 게 요즘 세계적인 추세"라고 설명했다.

**접합수술뒤 고정물 안빼도**
**2년 지나면 완전히 분해**
**마그네슘 등 성분-인체 무해**
**생체분해성 금속**
**경쟁국보다 6년 앞서**

그는 몸 속에서 녹는 금속을 만들기 위해 마그네슘(Mg)·칼슘(Ca)·아연(Zn) 합금을 이용했다. 이미 몸속에 들어 있어 분해돼 흡수되더라도 안전한 원소들이다. 그는 "다른 나라에서도 마그네슘을 이용한 녹는 금속 연구를 해 왔지만 몸 속에서 너무 빨리 분해된다는 점을 극복하지 못했다"고 말했다. 마그네슘에 제2, 제3의 원소를 넣어야 강도가 높아지는데 분해 속도도 같이 높아지는 문제가 발생했다.

연구단에서는 마그네슘 입자 구조물에 소량의 칼슘과 아연을 다양한 방식으로 배치하는 실험을 하던 끝에 강도가 높으면서 분해 속도가 느린 합금을 개발하는 데 성공했다. 분해 속도가 종전에 비해 1만분의 1까지 줄었다는 설명이다. 그는 "금속 고정물 면적에 따라 다르지만 6개월에서 2년이면 몸 속에서 다 녹아 없어진다"고 말했다.

현재 아주대병원에서 손가락 골절 환자를 대상으로 임상시험을 진행 중이다. 이번 연구 컨소시엄을 같이 구성한 의료기기 전문업체 유앤아이와 기술이전 계약을 맺어 상용화도 앞두고 있다. 다만 아직 갈 길이 멀다고 그는 말했다. 타이타늄과 비교해 강도가 4분의 1 정도여서 다리뼈처럼 많은 부하를 받는 부분에는 적용하기 힘들다는 이유에서다. 이제는 강도를 더 높이는 연구를 진행 중이다.

◆급성장하는 바이오메디컬 시장

석 단장이 바이오메디컬 분야에 뛰어든 것은 불과 6~7년밖에 되지 않았다. 대학과 대학원에서 금속공학을 전공한 그는 나노구조 코팅 분야 전문가로 이름을 날렸다. 반도체

(후략)

출처 : 한국경제, 19면(2013. 8. 21)

### (2) 생동감을 주는 사진이 유리하다

기관에서는 연구를 통해 얻어진 성과 자체가 주목받기를 원한다. 기관의 입장에서는 많은 대중들에게 성과를 인정받고 싶기 때문에 결과물에 초점을 많이 두고 싶어 한다. 하지만 독자의 입장에서는 덩그러니 성과물만 게재되어 있으면 기사에 대한 이해도와 관심도가 떨어질 수밖에 없다. 결국 연구과정을 통해 얻어진 결과물은 사람을 위한 것이기 때문에 사람과 함께 연출된 사진이 사진에 역동적인 힘을 불어 넣어준다. 성과물에 대한 속성만큼이나 성과물이

사람에게 주는 효용이 중요하기 때문에 사람과 성과물의 자연스러운 조화를 이룬 사진이 그렇지 않은 사진보다 더욱 생생하게 홍보할 수 있다.

### (3) 컨셉을 설정하고 상황을 연출하라

글쓰기와 마찬가지로 사진 역시 촬영하기 전에 담을 내용과 주제, 관점, 특징 등에 대해서 고려해야한다. 예를 들어, 기관의 기념일 행사나 학회, 성과전시회 등을 개최한다고 할 때, 보도 자료의 내용과 사진의 컨셉이 일치해야 한다. 행사나 학회에 유명 인사나 세계적인 석학이 참석한다는 내용이 있다면 제품이나 성과물을 들고 있는 사진을 촬영하는 것이 좋다. 큰 규모의 박람회나 전시회를 개최할 경우에는 전시장에 많은 사람들이 모여 있는 사진이 필요할 것이다. 이러한 사진들은 미리 보도 자료의 내용을 인지하고 컨셉을 설정한 다음 사진작가나 기자에게 행사 전에 알려줘야 하며, 행사를 진행하는 부서에 미리 전달해야 촬영이 비교적 원활하게 진행될 수 있다.

### (4) 3B법칙을 활용하자

광고에 사용되는 3B법칙은 미인(Beauty), 아이(Baby), 동물(Beast)을 활용한 광고연출 법칙이다. 이 광고연출 법칙을 보도 자료에 활용할 수 있다. 실제로 3B법칙은 광고에서 뿐만 아니라 신문의 실제 지면에서도 업종을 불문하여 많

참고 **연구실 풍경 사진**

자료제공 : KIST

은 기업들이 이용하고 있다. 다만 모델이 성과물이나 행사보다 더 튀지 않도록 연출하는 것이 중요하고 인물과 메시지가 조화를 이루도록 연출하는 것이 핵심이다.

#### (5) 사진에 로고는 삼가라

기관의 로고가 들어간 사진은 보도 자료용 사진으로는 적합하지 않다. 홍보담당자는 기관의 이름이나 CI 등의 기호를 사진에 일부러 편집해 넣는 경우가 많다. 보도 자료에 기관의 로고가 있으면 홍보효과를 더할 수 있을 것이라는 생각에서 비롯된 것 같지만, 현실적으로는 쓸 수 없는 사진으로 분류되어 품질이 좋더라도 사용되지 않을 가능성이 높아진다.

#### (6) 사진 설명을 반드시 붙여라

사진 설명을 붙이면 외부의 검색엔진에서도 노출될 수 있기 때문에 온라인 매체의 특성을 고려하면 보도 자료 배포에 도움이 된다. 사진 설명은 육하원칙에 따라 어떠한 사진인지를 명확하게 밝히고 단순하게 서술하는 것보다는 현재 진행형(~하고 있다)을 사용하는 것이 더욱 효과적이다.

#### (7) 다양한 구도의 3개 이내의 사진을 넣어라

가장 좋지 않은 것은 한 구도에서만 찍은 사진만 보내는 것이다. 하지만 다양한 시점에서 촬영한 사진을 보도 자료에 첨부하여 보낸다면 언론에 노출될 가능성은 높아진다. 하지만 너무 많은 사진을 보내는 것은 좋지 않으므로 3장 이내의 사진을 보낸다. 기관 내에서 찍는 사진이라면 평소에 사진을 잘 찍을 수 있는 지점들을 미리 인지해두는 것이 좋다.

#### (8) 품질과 포맷에 신경을 써라

기관이 제공한 사진의 품질이 수정 없이 사용해도 무방할 정도라면 가장

### 참고 재활로봇활용 보도자료 사진 사례

**중앙일보**

2013년 12월 13일
B03면 (경제)

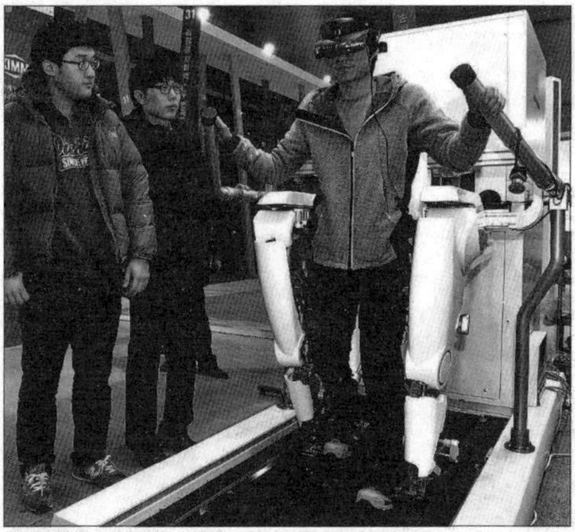

**뇌졸중 환자도 편히 걸을 수 있게** 미래창조과학부와 7개 경제단체가 공동 주최한 '2013 창조경제박람회'가 12일 서울 삼성동 코엑스에서 열렸다. 행사장을 찾은 관람객들이 한국과학기술연구원 부스에서 뇌졸중 환자를 위한 보행 재활로봇을 살펴보고 있다. [뉴시스]

(11.6*12.3)cm

출처 : 중앙일보, B03(2013. 12. 13)

이상적이고 그대로 언론에 노출되는 경우도 많다. 하지만 아마추어 느낌이 물씬 느껴지는 사진을 기자에게 보낸다면 절대로 신문이나 잡지에 사용되지 않을 것이며 보도자료의 퀄리티까지 떨어뜨릴 수 있다. 전문 사진기사를 두어 촬영하거나 신문사의 사진기사에게 취재를 의뢰하는 것도 좋다. 보도자료용 사진은 200×200픽셀 이상의 JPG 포맷이 가장 좋다. 이왕이면 사진설명과 사진 파일의 이름까지 같이 맞춰 보내는 것이 좋다.

## 5. 보도 자료의 배포와 관리

홍보담당자가 빠지기 쉬운 실수 중에 하나가 특정 언론만을 편애하는 것이다. 편애하는 이유와 방법은 여러 가지가 있을 것이다. 특정 언론사와 개인적인 친분이 있거나 보도에 호의적이라는 이유로 특정 언론사에만 자료를 배포하는 경우가 있다. 또한 담당자를 잘 모르거나 영향력이 없는 언론사라고 미리 판단하고 제외하는 경우도 있다. 이런 행위는 언론사와의 관계에서 장기적으로 좋지 않게 만들므로 피하는 게 좋다. 언론사 취재관행상 특종보다 무서운 것은 낙종이기 때문에, 꼭 필요한 기사를 본인만 낙종했다고 느낄 경우 담당기자와 출입처의 향후 관계는 악화된다. 보도 자료는 기자단에 빠짐없이 배포해라. 만일 좋은 관계나 친분이 있는 기자가 있다면 또는 특정주제에 평소 더 관심을 갖는 기자가 있다면 추가 자료를 요청해 좋은 기사를 써줄 것이라 기대하고 보완자료를 준비해 놓는 게 현명하다. 보도자료 배포에 대한 책임은 홍보부서나 대변인실에 있다. 보도내용의 진실성과 선의의 피해자가 발생하지 않는지 내부적으로 검토하는 것이 필요하다.

### (1) 보도 자료 배포

보도 자료는 기자단이 있는 경우 기자단에 배포한다. 보도 자료 제공 직후에 자료가 제대로 접수 됐는지 통화하거나 최소한 메일을 열어봤는지 확인해 보는 습관이 중요하다. 통화를 하는 경우는 보도 자료의 의미를 간단히 언급하는 것이 좋다. 그러나 기사 게재 여부를 묻거나 기사의 크기를 요구하거나 작성된 기사를 미리 보겠다고 요구하는 것은 큰 실례가 되니 삼가는 것이 좋다. 공공기관의 경우 소관부처가 있으므로 해당부처 대변인실 담당자에게도 배포하는 것이 협조나 향후 대처가 필요한 경우 협조가 잘 될 수 있다.

보도 자료 배포에 있어 금요일과 주말은 가급적 피하라. 금요일에 제공하면 지방신문은 토요일과 일요일에 신문을 발행하지 않기 때문에 실리기 어렵다. 주말도 피하는 것이 좋다. 주말은 누구나 쉬고 싶어 하기 때문이다. 사회나 같은 업종에 큰 뉴스가 있을 때는 파묻힐 가능성이 있기 때문에 피하는 게 좋다. 나로호 발사하는 날에는 어지간한 과학뉴스가 먹히겠는가? 앞에서 말했지만 마감시간에는 제공하지 말라. 보통 오후 4시부터 기사마감에 들어간다. 홍보하기 싫은 사람으로 취급된다.

### (2) 기사게재 후 활동

전날 배포한 보도 자료에 대해 모니터링 하는 것은 담당자에게 중요한 일상이다. 최근에는 다음날 지면에 확정되어 나오기 전 인터넷 지면을 통해 미리 기사를 보도하는 언론사가 많아졌다. 오전에 보도 자료를 배포하고 오후 4~6시 사이에 인터넷 검색을 하면 과거의 가판기사처럼 인터넷판 기사를 볼 수 있다. 혹시 잘못 언급된 기사나 오류가 있다면 이때가 고칠 수 있는 최적의 기회이다. 어떤 경우 이름이 틀리거나 기관명칭, 용어들이 틀리는 경우도 있다. 이런 경우 해당 기자를 통해서 교정하는 것은 기자를 위해서도 좋은 일이다. 경우에 따라서 악의적 논조나 오해가 있는 경우가 있는데 기자의 권한을 침해하지 않는 범위에서 정중한 대응을 하면 다소 수정되는 경우가 있다. 다음날 홍보담당자는 보도된 내용을 볼 수 있다. 최근 아이서퍼와 같은 보도스크랩 서비스 업체들이 있어 훨씬 쉽고 빠르게 보도사항을 파악할 수 있다. 홍보담당자는 보도된 내용을 취합하여 언론반응을 판단하고 보고할 필요가 있다. 기사를 내준 기자에게는 반드시 메시지나 전화로 감사를 표하는 것은 필수이다. "ㅇㅇㅇ기자님, 기사 잘 봤습니다. 자세히 보도해 주셔서 감사합니다."는 정도에서 다양하게 감사의 마음을 표현하면 될 것이다. 또한 보도 자료에 관계된 사람들의 피드백을 요약한 간단한 커뮤니케이션을 통해서 기자와 신뢰관계를 유지해 갈 수 있다.

## 6. 언론의 취재와 대응

### (1) 언론취재의 유형

대언론 관계에서 취재가 발생하는 경우는 크게 두 가지가 있다. 첫째로 좋은 일이 있어서 취재하는 경우다. 기관에서 개최하는 행사나 연구성과 및 발견사항이 있을 때 보도 자료에 대해 관심을 갖는 경우가 있고 사회적 이슈가 있는 경우 과학자의 의견이나 실험결과 등에 관심이 있어 기자의 판단에 의해 특정 기사를 쓰고자 요청하는 경우이다. 둘째는 나쁜 일이 있어서 취재하는 경우다. 기관과 관련된 위험상황이나 사건이 발생하여 사회적으로 이슈가 된 경우 기자는 취재를 요청한다. 매일매일 바쁜 업무 속에서 기자의 취재요청은 귀찮을 수도 있다. 그러나 기자의 취재요청에 능동적이고 성실하게 응하는 것이 좋다. 물론 악의적인 목적이나 오해를 갖고 접근하는 경우라도 말이다.

### (2) 취재의 준비와 대응

첫째로 취재의 목적을 명확히 파악하고 예상질문에 대한 답을 준비해 놓는 능동적 취재가 필요하다. 기자는 많은 시간을 갖고 있지 않고 기사에 대해 충분한 협의나 토론을 거쳐 기사를 만드는 것이 아니다. 좋은 의도의 취재든 나쁜 의도의 취재든지 기본적으로 해당 이슈에 대해 충분히 알고 있는 담당자와 동행하거나 관련자료에 대해 충분한 숙지 후에 취재에 임하는 게 기본이다. 담당자로부터 전문적이고 정확한 정보를 얻지 못하는 경우 기자는 제3의 취재원을 찾게 된다. 평소 잘 모르던 기자의 취재요청에 대해서는 알고 있는 기자나 기사 검색을 통해 해당기자에 대한 정보와 취재 경향을 파악해 놓는 것도 중요하다.

둘째로 신뢰성 있는 정보를 제공해야 한다. 기자는 중요한 이슈에 대해서는 소위 '삼각확인 취재'를 통해 내용에 입체적으로 접근하는 경향이 있다. 먼저 담당자의 의견을 듣고 정보를 파악한 후 대립관계에 있는 또 다른 전문가에게 해당 정보의 진위나 가치를 확인하여 기사화하는 방식을 취한다. 과장하거나 축소 또는 왜곡하는 것은 신뢰는 떨어뜨릴 수 있으므로 삼가는 게 좋다.

셋째로 기자도 하나의 직업인이라는 태도를 갖는 것이다. 기자에게 과도하게 굽실거리는 태도나 인간적인 관계로 모든 것을 해결하려는 태도, 과학기자의 전문성을 무시하는 태도는 서로의 발전을 저해한다. 기자에게 가장 큰 선물은 좋은 기사거리를 발견하도록 돕는 것이다. 특히 과학을 다루는 연구기관에서 유망한 연구자들이 빠지기 쉬운 함정은 기자들의 전문성을 의심하여 해당 기자가 이해할 수 없을 거라 판단하는 것이다. 기자들은 다양한 이슈를 접하고 그것의 의미와 가치를 대중들의 눈으로 해석해 내는 감각과 정보해석 훈련을 받았으며, 결정적으로 자료의 진위를 파악할 수 있는 채널을 갖고 있다. 이점을 간과하고 기자의 과학적 지식을 무시할 경우 기사게재 과정에서 역효과가 발생할 수 있음을 명심해야 할 것이다.

### Note 언론취재 대응 십계명

1) 먼저 질문에 경청하라.
2) 전문용어를 가급적 줄이고 이해하기 쉽게 설명하라.
3) 겸손하고 능동적인 태도를 지니고 때로는 잘못을 인정하고 사과할 수 있는 자세를 보여라.
4) 시간에 쫓기는 기자의 직업특성을 감안해 신속하게 대응하라.
5) 기자가 친근감을 갖고 접촉할 수 있도록 하라.
6) 기자를 업계의 동반자로 대하라.
7) 사실에 입각해서 말하라.
8) 기자의 눈을 보며 이름을 주기적으로 불러주며 답하라.
9) 위기 커뮤니케이션 계획을 활용하라(핵심 메시지를 반복하라).
10) 직원들도 위기상황을 숙지하라. 직원들은 자발적으로 대변인이 될 수도 있다.

출처 : Kathleen F. Banks, 2005.

제4장

# 언론브리핑과 기자간담회

언론브리핑은 뉴스가치가 높거나 사안의 성격상 관련 취재진을 초청하여 브리핑문 낭독과 질의, 응답시간을 가짐으로써 언론에 충분한 취재보도 기회를 제공하기 위해 실시한다. 반면 기자간담회는 기자들을 만나 이야기를 나누는 자리로, 언론에 중대한 사실을 밝히거나 홍보가 필요할 때 한다. 또 보도자료 배포만으로는 실제 내용을 설명하기 어렵거나, 언론과 원만한 관계 형성이 필요한 경우에 열기도 한다.

## 1. 언론브리핑

### (1) 브리핑 시점

- 국민 생활과 관련하여 성과나 정책이 언론에 적극적으로 보도되기를 원할 때
- 새로운 성과 및 정책발표 등에 대한 취재진의 충분한 지식과 이해가 필요할 때
- 사회적 영향이나 가치에 대한 자세한 설명이나 토론이 필요한 사안
- 새로운 변화나 혁신에 대한 취재진의 충분한 지식과 이해가 필요할 때
- 배경 설명을 충분하게 하지 않았을 경우 오해를 불러일으킬 수 있는 사안
- 정보 과잉이나 부족으로 루머나 유언비어가 생길 가능성이 있는 중요 사안

### (2) 브리핑 준비요령

- 브리핑 내용과 관련하여 예상되는 이슈들에 대한 명확한 입장과 예상질문과 답변서 준비
- 무슨 이야기를 어떻게 풀어갈 것인지 포인트별로 큐시트(진행시간 계획표) 제작
- 브리핑 자료의 파급효과를 예상하여 발표 전 상급부처나 관련 부처와의 충분한 사전조율

### (3) 브리핑 시 유의사항

전하고자 하는 핵심메시지를 정하고 관련근거와 자료, 사례, 비유법 등을 동원하여 논리적으로 이야기를 전개해야 한다. 브리핑은 처음 9초가 가장 중요하다. 청중의 주의를 환기시키고 브리핑에 집중시킬 만한 서두를 준비해야 한다. 상투적이고 모호한 표현보다는 이야기를 하듯 살아 있는 표현으로 작성해야 하며, 문장은 짧은 단문으로 구성한다. 또한 브리핑 시 보도 자료 및 참고자료를 준비해서 브리핑할 장소에 비치시켜놓아야 한다.

**Note 기자단 브리핑 운영 예시**

## WCI 연구성과 홍보 계획안

□ 주최/주관 : KIST(한국과학기술연구원)
□ 주제 : WCI 연구성과 설명
□ 참석자 : 조지 어거스틴 박사(단장), 이○준 박사, 홍보실장, 홍보담당
• 일시 및 장소 : 2013. 11. 25(월) 오전 11시~13시, 취재지원실

○ 세부 시간계획

사회 : 홍보실장

| 시간 | 내용 | 비고 |
|---|---|---|
| 09:00 | 출발 | 보도 자료 배포(당일 8:00)<br>총무팀 카니발 차량 탑승 |
| 10:30 | 도착 후 브리핑 준비<br>※ 기자실 참석 독려 | 보도 자료/발표자료 현장 배포<br>파워포인트 시연 준비<br>(노트북 및 USB) |
| 11:00 | 브리핑 시작 | 프레젠테이션(지원실 내 TV 활용) |
| 11:30 | 질의응답 | – |
| 11:40 | 오찬 장소 이동 | 추후 확정 |
| 13:00 – 14:00 | 과천 출발 | 방송사 취재 대응 |

○ 관련 일정

– 11. 21(목) : 브리핑 기자단 재 공지

– 11. 22(금) : 참석자 파악

* 보도 자료 배포 : 24(일)/방송사, 25(월)/전 언론사

○ 참석자 명단

| 언론사 | 성명 | 언론사 | 성명 |
|---|---|---|---|
| 한국경제 | ○ ○ ○ | 아주경제 | ○ ○ ○ |
| 조선비즈 | ○ ○ ○ | 이데일리 | ○ ○ ○ |
| 머니투데이 | ○ ○ ○ | 전자신문 | ○ ○ ○ |
| 디지털 타임즈 | ○ ○ ○ | 연합뉴스 | ○ ○ ○ |
| 파이낸셜 | ○ ○ ○ | 동아사이언스 | 미정 |

* 미래부 과학기자단 간사

○ 확인 사항

| 일정 | 내용 | 담당 | 비고 |
|---|---|---|---|
| 11. 21 (목) | 방송 촬영 사전 기획 | ○○○ | |
| | 브리핑 기자단 재공지 | ◇◇◇ | 완료 |
| | 차량 배차 신청 | ◇◇◇ | 완료 |
| | 보도 자료 확정 | ◇◇◇ | 완료 |
| 11. 22 (금) | 브리핑 발표자료 | 조지어거스틴 | |
| | 기자단 참석자 확인 | ◇◇◇ | 주요 관계 기자 확보(10명) |
| | 식당 섭외 | □□□ | XXX(02-123-4567) |
| | 보도 자료 출력 | △△△ | 30부 |
| | 사회 시나리오 | ◇◇◇ | 완료 |
| | 보도 자료 방송사 배포 | ◇◇◇ | 완료 |
| 11. 25 (월) | 보도 자료 전 언론사 배포 | ◇◇◇ | |
| | 브리핑 진행 | 조지어거스틴 | |
| | 언론 응대(신문사) | ◇◇◇ | |
| | 언론 응대(방송) | ○○○ | |
| | 언론사 출입협조 | △△△ | |

○ 추진 계획

– 토론회 개최 계획 확정

– 보도 자료 배포(홍보실)

○ 체크리스트

• 행사장 준비

– 취재지원실 : 좌석 준비, 발표자료, 안내판

• 참석 안내 문자 : 당일 날 기자단

## 2. 기자간담회

간담회란 원래 정답게 서로 이야기를 나누는 모임을 뜻한다. 기자간담회는 신문이나 방송매체의 관련기자를 초청하여 목적한 내용을 설명하고 자유로운 질문과 대답으로 언론에 정보를 제공하는 행사라 할 수 있다.

### (1) 기자간담회 준비

행사가 시작되기 전에 기자들에게 어떠한 모습으로 연출할지를 정해야한다. 기자의 소속, 부서, 참석이유, 기자들이 간담회를 참여함으로써 얻으려는 것을 파악해야한다. 이를 통해 기본적인 기자간담회의 규모를 설정한다. 규모가 큰 경우에는 마이크와 앰프 등의 음향장비를 활용해야 하는 상황이 불가피하다. 규모가 작은 경우에는 다양하고 세세한 시청각 자료를 이용하여 커뮤니케이션할 수 있다. 기자들의 성비율, 연령대, 교육수준, 특정 선호 등의 기자들의 특성을 반영한다면 더욱 효과적이고 실수를 줄일 수 있다. 언론사에서 발행하는 소식지나 홈페이지, 기사화되는 언론사들의 소식을 통해서도 알 수 있지만 평소에 지속적인 친분을 통해 더 많은 정보를 얻는 것이 가장 확실한 방법이다.

### (2) 기자간담회에 고려해야할 사항

#### 1) 타깃 언론 결정

간담회 목적에 맞는 기자를 초청 대상으로 한다. 타깃 매체가 종합일간지인지 전문지인지, 또 담당부서가 사회부인지 생활과학부 인지 등 결정한다.

#### 2) 기자간담회 요일

기자들을 비롯해 누구나 주말에 일하는 것을 기피한다. 금요일 또한 기피하는 것이 좋다. 토요일에 발간되는 신문은 대체로 얇기 때문에 금요일에 기자간담회를 한다고 해도 지면도 작을 뿐더러 공중 또한 자세히 읽지 않는다.

### 3) 기자간담회 사전통보 및 시간

초청 기자단이 확정되었다면 기자단 간사와 날짜를 1차 협의를 한다. 많은 기자들을 섭외하려면 미리 스케줄을 알려 참석률을 높일 수 있다. 기자간담회에 참석할 기자에게 간담회의 개요를 적은 초청장을 적어도 1~2주 전에 알려야한다. 행사 하루 전 및 당일아침 전화로 참석여부를 확인하는 것이 좋다. 참석을 약속해 놓고 급한 일로 불참할 경우가 생길 수 있기 때문이다. 많은 사람이 오길 원한다면 점심시간 전후가 가장 좋다. 너무 이른 시간이라면 기자들의 참석여부도 불투명하고, 집중력 또한 떨어져 비효율적이다. 식사하며 부담스럽지 않은 분위기에서 기자들과 편안하게 접촉할 수 있으며 질의응답도 자연스럽게 할 수 있다.

### 4) 기자간담회 장소

기관의 기자실이나 평소에 자주 만났던 장소가 아니라면 교통편이 편리한 곳이 좋다. 장소는 가능하면 교통이 편리한 곳으로 한다. 언론사가 많이 밀집되어 있는 광화문 인근 호텔이나 기자들이 많이 출입하는 출입처도 좋다. 생소한 곳이라면 약도나 장소를 설명하여 늦지 않게 참석할 수 있도록 한다. 사전에 장소를 찾아 음향시설, 프레젠테이션 장비, 음료 및 식사, 테이블 세팅 등을 점검하는 것이 좋다.

---

참고 **전문가 기자 간담회 예시**

## "창조경제 선도를 위한 KIST 종합대책"기자간담회 기획안

□ 추진배경

• 새 정부의 "과학기술에 기반한 창조경제 실현"을 견인하고 출연(연)에 선도 모델

제시를 목적으로 추진 된 "창조경제 선도를 위한 KIST 종합대책" 결과 보고

□ 세부계획(안)

• 일시 : 2013. 5. 29(수), 11시 ~ 13시(오찬 연계)
• 장소 : KIST 의전실
• 참석자
  – 내부 : 원장, 연구기획조정부장, 기술정책연구소장, 미래인재본부장, 경영지원본부장, 정책기획팀장, 홍보실장, 연구지원실장, 기술사업화실장
    ※ 개방 · 협력 · 융합형 연구과제 연구자 2명
  – 외부 : 출입기자단(10여명 내외)
• 시간계획

**사회 : 홍보실장**

| 시간 | 내용 | 비고 |
|---|---|---|
| 11:00~11:50 | • 기자간담회<br>– 원장님 인사말씀(5분)<br>– 창조경제 선도를 위한 KIST 종합대책 발표(20분)<br>※ 개방 · 협력 · 융합형 연구과제 연구책임자 참석 (김○수, 이○협)<br>– 질의/응답(20분) | 기술정책 연구소장 |
| 11:50~13:00 | • 오찬 | |

• 세부 시간계획

| 시간 | 내용 |
|---|---|
| 10:00 | – 의전실 발표자료 세팅, 기자실 점검<br>– 참석자 안내 문자 송부 |
| 10:45 | – 참석자 착석 안내 |
| 10:55 | – 원장님 안내 |
| 11:00 | – 행사 시작, 원장님 인사말씀(5분) |
| 11:05 | – 창조경제 선도를 위한 KIST 종합대책 발표(20분) |
| 11:25 | – 질의/응답(20분)<br>– 오찬장 점검<br>– 차량 대기 확인 |
| 11:50~13:00 | – 오찬<br>* 카니발 탑승자 확인 |

□ 체크리스트

- 행사장 준비
  - 임시 기자실 : 좌석 준비, 인터넷 사용 설명, 다과, 안내판, 익스텐션
  - 의전실 : 발표자료(출력본 40부), 기관장 말씀자료 비치, 현수막
- 참석 독려 문자 : 당일 오전 KIST 참석자

---

### (3) 효과적인 기자간담회를 만드는 방법

기자간담회가 열리는 당일에는 회사 전체가 기자를 맞이할 준비가 되어있어야 한다. 입구에 환영인사를 표하는 포스터나 플래카드를 활용한다.

기계는 언제 고장 날지 모르기 때문에 철저하게 준비해야한다. 기자간담회에서 쓰일 발표 자료는 CD나 USB, 노트북, 이메일 등을 활용하여 최소 2개 이상을 활용하여 기계적인 고장의 리스크를 낮춘다. 특히 무선인터넷을 이용하는 경우는 항상 고위험성을 갖고 있기 때문에 유선을 이용하거나 인터넷이 필요 없어도 진행할 수 있게 준비하는 것이 좋다.

기관의 특성을 활용해 기자들이 몰입할 수 있도록 준비한다. 기관의 인프라를 최대한 활용하여 독특하고 참신한 경험을 할 수 있도록 준비한다.

### (4) 기자간담회의 진행

#### 1) 간담회에 임하는 홍보담당자의 자세

많은 연습을 통해 기자간담회의 완성도를 높였음에도 막상 발표 당일이 되면 환경의 변화, 예상치 못한 돌발적인 상황 등에 의해 행사의 진행이 원활하지 못할 수도 있다. 이는 기자와 홍보담당자 간의 단편적인 해프닝으로 여겨서는 안 된다. 비전문가처럼 보이는 것은 기자간담회 이후의 홍보담당자로서의 신뢰성에도 부정적인 영향을 줄 수 있기 때문에 전문가로서 보이는 모습은 중요하다.

#### 2) 발표자의 전략

기자간담회에서의 주도권은 발표자가 쥐고 있기 때문에 발표자의 발언은

그만큼 영향력이 있고 주목을 받을 수 있다. 하지만 경험이 거의 없는 발표자들은 이러한 시선의 집중 때문에 긴장하기 쉽다. 제스처는 굳어진 몸을 풀어줄 수도 있고 발표자의 입에 집중된 시선을 분산시킬 수도 있다. 적절한 제스처는 효과적으로 의사소통을 돕는다. 언어적인 커뮤니케이션 못지않게 제스처나 시선, 몸짓, 침묵 등을 이용한 비언어적 커뮤니케이션은 경직된 분위기를 완화하여 주의와 흥미를 이끌 수 있다. 의상은 감색 또는 회색 정장이 좋고 검은색은 피하는 것이 좋다. 과도한 액세서리는 시선을 빼앗길 수 있으므로 자제하고 주머니에 동전이나 열쇠로 인해 소리가 나지 않도록 주의한다.

발표자는 평상시보다 천천히 말한다는 느낌으로 발표해야 청중에게 가장 편안한 느낌을 준다. 질문은 하나씩 받고 그에 대해 응답하는 방법이 가장 좋다. 간담회의 주제나 목적에 맞지 않는 질문을 받았을 경우 경우에는 우선 질문에 대한 감사를 표하고 후반에 설명하겠다고 하거나 나중에 토의를 통해 답변하겠다고 하는 것이 좋다. 질문에 악의가 있거나 이상하더라도 질문자를 무시해서는 안 되고 친절해야 한다.

### 3) 시간활용

초반에 기자들의 흥미와 주의를 끄는 것이 중요하기 때문에 핵심적인 주제와 이색적인 이슈에 대해 먼저 소개하는 것이 좋다.

프레젠테이션을 마치고 질의응답 시간이 되면 예상 질문을 미리 읽어두어 효과적인 답변을 줄 수 있도록 준비한다. 적절한 유머나 사회적 이슈를 통해 분위기를 가볍게 만들어 대답하는 것이 효율적이다. 질문에 대한 구체적인 답을 하는 것보다 핵심만 짧게 대답하는 것이 좋다. 이왕이면 공중이 얻을 수 있는 이익 또는 사회에 줄 수 있는 긍정적인 효과에 대해서 언급해주는 것이 기사의 영향력이나 규모를 키울 수 있는 좋은 방법이다.

결론 부분에는 앞의 내용을 짧게 정리해주면 좋다. 기자간담회를 통해 얻을 수 있는 공중의 이익이나 의의를 간단하고 직설적으로 말한다. 발표가 좋았더라도 마무리가 좋지 않다면 기자들의 뇌리에는 좋지 않은 이미지가 남아 있을 것이다. 강한인상을 줄 수 있도록 짧고 강한 메시지를 전한다. 선물이나 기관의 BI나 CI가 담긴 홍보제품을 주는 것도 효과적이다.

### (5) 기자간담회 후속대응

#### 1) 후속조치

기자의 질문에 답을 바로 못한 경우, 애매한 답변을 분명히 수정하려는 경우 후속적인 이메일이 등을 통해 입장을 밝힌다. 우호적이지 않았던 기자들이나 이의, 문제를 제기한 기자들과 별도의 접촉을 통해 오해나 편견을 풀 수 있도록 관리한다. 너무 과하지 않게 한다.

간담회가 끝나면 참석하지 못한 기자들에게 보도 자료와 당일 찍은 사진을 이메일로 보낸다. 반드시 사진 전담자를 두어 촬영, 편집 후 발송하는 것이 좋다.

#### 2) 리뷰

간담회가 초기의 목표에 부합했는지, 내용은 적절했는지, 온전히 내용을 전달했는지 내부적으로 다시 검토해보아야 한다. 준비과정에서는 문제제기 되지 않았던 문제들이 기자들에 의해 드러났다면 재검토과정이 필요하다. 또한 커뮤니케이션 과정의 문제점이 있었다면 개선방안에 대해 논의해보는 시간을 갖는 것도 중요하다. 기자간담회가 진행되는 동안의 일들을 모두 기억할 수는 없기 때문에 비디오나 사진을 통해 남겨두어 좋았던 점이나 문제점들에 대해 서로 피드백을 줄 수 있을 것이다.

## 참고 기자 간담회 언론노출 사례

# 출연연 맏형, '글로벌 히든 챔피언' 육성 앞장선다.

• 출연연 발전전략 구체화한 'KIST 종합대책' 발표

창조경제 선도를 위한 KIST 종합대책에 대해 문길주 KIST 원장이 설명하고 있다. 좌측부터 오건택 KIST 경영지원본부장, 문길주 KIST 원장, 하성도 KIST 기술정책연구소장, 김은경 KIST 미래인재본부장

[ KIST 제공 ]

"다른 정부출연연구기관이나 민간 연구기관에 연구소를 개방하고 협력함으로써 시너지를 높이고, 중소기업 지원과 창업을 돕는 한편 고급 일자리 창출에 초점을 맞추겠다."

문길주 한국과학기술연구원(KIST) 원장은 29일 서울 홍릉 KIST 본원에서 기자간담회를 갖고 이 같이 밝혔다.

문 원장은 이번 정부의 정책기조인 창조경제를 실현하기 위해서는 "하드웨어보다는 소프트웨어의 변화가 중요하다"고 강조하며 "사회문제 해결형 연구와 중소기업 기술지원을 위한 실용적 성과형 연구의 연구비를 대폭 늘릴 것"이라고 말했다.

이날 KIST가 발표한 종합대책은 이달 초 과학기술분야 정부출연연구기관들이 모여 발표한 '출연연 발전전략'을 개별 연구원의 특성에 맞춰 구체화 시킨 것. 출연연 발전전략은 출연연 지배구조 개편에 대한 대내외의 요구와 중소기업 지원, 일자리 창출 등 정부의 창조경제 기조에 맞춰 출연연들이 자체적으로 내놓은 개편 전략이다. KIST는 출연연의 맏형이라는 차원에서 25개 출연연 중 가장 앞서 구체적인 전략을 내놓은 것이다.

(후략)

유용하 기자 edmondy@donga.com

[출처 : 동아사이언스, 2013. 5. 30]

## 3. 기자초청 팸투어

팸투어(Familization Tour)는 사전답사여행으로 관련 행사에 기자들을 무료로 초청하여 현장을 둘러보게 하여 호의적인 기사를 싣도록 유도하는 데 목적이 있다. 기획이벤트 등과 함께 진행되는 경우가 대부분이며 퍼블리시티와 연계한 자료 제공과 취재 협조에 만반의 준비를 해야 한다.

### ❖ 사전준비

해당 부서는 팸투어 추진의 목적을 공유한 뒤, 언제 어디서, 무엇을, 어떻게 할 것인지에 대한 활동과 일정을 기획한다. 참석자들은 행사 취지에 맞는 관련 매체 기자 및 관계자로 선정한다. 이후 미디어별로 취재 아이디어나 기사거리가 될 만한 자료들을 취합해 정리한다. 해당 전문가나 관계자 등 취재진들에게 도움이 될 만한 취재원을 미리 확보하는 것이 중요한다. 특히 현장 기자실을 준비하여 기자들이 팸투어 당일 현장방문 후 기사작성하고 전송 할 수 있는 편의를 제공한다.

### ❖ 일정진행

행사 전 참석자들에게 미리 준비한 자료들을 제공하되 행사의 취지와 어긋나지 않는 취재 요청이라면 현장에서 적극 대응한다. 관련 이벤트를 취재해 보도 프로그램을 만들기로 사전 결정된 경우에는 취재진 및 제작진등과 협의하여 필요한 취재 협조와 지원 활동에 나서게 된다. 인터뷰를 위한 관련 인물 섭외 등에 편의를 제공하도록 한다.

### ❖ 사후관리

언론의 취재 보도, 프로그램 제작 결정이 이루어지지 않았다 하더라도 해당 취재기자나 제작팀에게 관심을 가져 준데 대한 감사의 전화나 메일, 카드

등을 발송해 호의적이고 지속적인 관계를 유지하는 것이 좋다. 행사에 참석하지 않았더라도 자료를 추후 요청하는 경우에는 적극적으로 협조하도록 한다.

### 참고 연구실 팸투어 사진

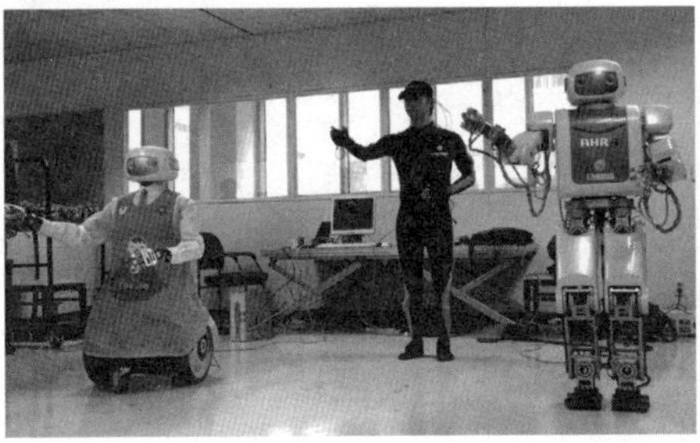

### 참고 지방자치단체와 연계한 팸투어 사례

몽골 의료관광객들이 15일부터 오는 18일까지 강릉을 중심으로 '의료관광 팸투어'을 실시하여 강릉시의 선도 산업인 의료관광 활성화에 새로운 전기가 마련될 전망이다.
최명희 강릉시장과 몽골 홉스골주와 강릉시간의 자매결연(관광, 문화, 경제분야), 의료관광 교류 추진 및 발전방안, 2018동계올림픽과 접목한 의료관광 상품화(스키 테마 등) 방안에 대해 구체적으로 협의할 계획으로 강릉을 방문한 몽골 보건부차관 일행이 KIST 강릉분원에도 들려 KIST 강릉분원 연구진과 함께 한몽사업추진 설명과 의료관광교류사업을 협의토록 진행하였다.

KIST 강릉분원

제5장

# 언론 공동기획

## 1. 언론사 공동기획 필요성

공동기획은 기획언론의 한 유형에 해당한다. 기획언론은 뉴스 취재원이 직접 제공하는 자료나 또는 취재원이 마련한 기자회견 자료에 의존하지 않고, 이해관계에 있는 취재원이 선정한 뉴스보다는 '진짜' 뉴스를 밝혀내기 위해 막후를 파헤치는 보도방식이다. 공동기획은 언론사와 공공성이 있는 기관이 공동으로 특정주제를 정해 일정기간 지면을 할애하여 보도내용을 같이 채워나가고 제작비용을 분담하며 구성하는 보도 방식이다. 주제는 당시 독자들이 관심을 갖을 만한 사회적 이슈나 주제를 정해 진행한다.

## 2. 언론사 공동기사 기획

### ❖ 공동기획의 유형

공동기획은 언론사가 주도하여 진행하는 방식과 취재기관에서 주도하여 진행하는 두 가지 방식이 있다. 첫째로 언론사가 주도하는 경우는 사회적 여론을 주도하기 위해 관련분야 권위 있는 기관의 도움을 받아 진행하는 경우로서 특별취재팀을 언론사가 구성하여 대부분의 자료를 만들고 전문기관의 지식과 전문적 권위를 활용하는 경우이다. 둘째는 전문성 있는 기관에서 기관에 대한 인지도를 높이기 위해 또는 특정주제의 여론조성이나 정보전달을 위해 자체 기획하여 언론사에 제안하는 방식으로 보도내용을 책임지고 지면 활용에 대한 비용을 부담하게 된다. 그러나 기획내용이 해당 언론사가 판단하는 보도가치가 없을 경우는 아무리 비용을 부담하더라도 성사되지 않을 수 있다. 일부 언론사의 경우 재정적 협조를 얻기 위해 공동기획을 요구하는 경우도 있지만 전제는 기관에 도움이 되는 홍보거리나 전달 컨텐츠가 있어야 공동기획이 성립한다고 봐야 할 것이다. 비용지원 없이 전적으로 기획자료 조사분석 역할도 대신하여 공동기획을 하는 경우도 있다.

---

**참고** **공동기획 예시 – 조선일보 재난시리즈**

朝鮮日報

2013년 01월 21일
B01면 (경제)

## 한국경제 치명타 막아라… 재난과학에 올 1500억 투자

**재난과학의 최전선을 가다**

**조류인플루엔자·화산 폭발… 자연·인적 재난 예측·해결 핵심 국가 과제로 부상**

한국 경제를 뒤흔들 재난 발생 가능성이 커지고 있다.

전염 속도가 빠른 치명적 질병이나 태풍, 화산 폭발 등 자연재해가 나라 전체에 심각한 타격을 입힐 수 있다는 것이다.

최근 정부는 올봄 인도네시아·호주로부터 철새가 날아오면 치사 확률이 높은 조류인플루엔자(AI)가 발생할 가능성이 크다고 발표했다. 지난해에는 AI 바이러스가 사람 간 감염이 가능한 형태로 쉽게 돌연변이를 일으킬 수 있다는 연구 결과도 나왔다. AI가 본격적인 사람 간 전염병으로 발전하면 최악의 경우 국내 총생산(GDP)의 7.8%인 739억달러(78조 1000억원)의 피해가 발생할 수 있다고 분석한 보고서도 나왔다.

자연·인적 재난을 예측하고 해결 방안을 만드는 재난과학이 핵심 국가 과제로 떠오르고 있다.

국가과학기술위원회는 국가 차원의 재난·재해 R&D(연구개발) 투자 전략안을 처음 마련했다. 올해 태풍·호우·홍수, 신·변종 전염병 등의 재난을 예측하고 대비하는 R&D에 범정부 차원에서 1500여억 원이 넘는 투자가 이뤄질 예정이다.

본지는 한국과학기술연구원(KIST) 정책연구소와 함께 화산 폭발과 전염병, 기상재해, 네트워크 대란 등 각종 재난으로부터 한국 경제를 지키는 R&D 현장을 추적 보도한다. '한국 경제를 지키는 재난과학 최전선' 이다. 이영완 기자 **시리즈 B7면**

(15.3*9.0)cm

---

출처 : 조선일보, B01면(2013. 1. 21)

### ❖ 언론사 공동기획 절차

① 공동기획 주제, 분량, 내용 및 역할 기획

– 언론사와 취재기관에서 협의하여 진행하거나 언론사의 특별기획 취지를 공유하고 이에 맞춰 해당되는 컨텐츠를 제안하는 방식으로 진행

– 언론사는 기획의 전체구성을 만들고, 취재기관은 게재될 내용을 구성하여 협의

② 언론사 지면확보 및 팀구성

– 언론사는 취재분량과 내용에 따라 취재팀을 구성하고 지면을 확보

③ 시리즈별 기사작성 및 지면보도

– 일정에 맞게 시리즈 기사를 구성하여 기자취재형식, 자료편집형식 등으로 지면 보도함

**참고** **공동기획 예시**

| 구분 | ○○신문 공동기획 | ○○일보 공동기획 |
|---|---|---|
| 제목 | – 의공학 기술 현황(안) | – 융합으로 새 길 여는 과학–IT |
| 구성 | – 관련기사 5회 보도(8월 ~ 9월) | – 관련 포럼 개최(9~10월중)<br>– 관련기사 20회 보도(8. 20~12월) |
| 목적 | – 신설조직의 연구방향 및 내용홍보 | – 융합연구 정책방향 및 센터 활동 홍보 |
| 후원 | – KIST 단독 | – KISTEP, KIST, ETRI 등 |
| KIST참여 | – KIST 관련 기획시리즈 5회<br>• 1회 : 의공학 기술의 필요성 및 국내/외 연구동향<br>• 2회 : 의공학 기술개발을 위한 KIST 추진전략<br>(의과대캠프, 임상중개, 과학자유치)<br>• 3회 : 바이오닉스연구단소개<br>• 4회 : 생체재료연구단소개<br>• 5회 : 테라그노시스연구단소개 | – 포럼공동개최<br>• 행사공동 참여<br>• 공동기획관련 자료 협조<br>(○○○○○센터)<br>– 연구관련 기사 3회~4회 게재<br>• 뇌과학기술<br>• 의공학기술(수술용로봇)<br>• 인체감응솔루션사업단 |
| 비용 | – 일부지원 | – 일부지원 |
| 기타 | ※ ○○신문에<br>뇌과학, 로봇, 연료전지 등<br>우수성과 추가 보도 | |

❖ **공동기획을 위한 내부 가이드라인**

특정한 언론과 공동기획을 할 경우 다른 언론사에서는 싫어하는 경우가 있다. 특정언론과 유착된 느낌을 주기 때문이다. 특히 경쟁 언론사일 경우 그간 좋았던 관계가 급속도로 악화될 가능성이 농후하다. 행사의 성격이나 기획시리즈의 구성내용이 취재기관과 아주 밀접하게 연관된 경우나 주무부처의 정책 운영상 꼭 필요하여 하도록 강제된 사안이 아니라면 언론사와의 관계는 기본적으로 균형을 유지하는 게 현명하다. 비용지원 범위도 감당할 수 있는 수준에서 필요하다면 언론사의 그간 기여도를 참작하여 예산범위 내에서 배분 가이드라인을 미리 정해 놓는 것이 좋다. 최근 언론사들이 기획을 늘리고 있다. 오해의 소지도 있지만 도움을 주고 있는 출입기자의 형편을 몰라라 하기보다 상호 도움이 되는 입장에서 고려해 볼 수 있는 것이 공동기획일 것이다. 그러나 공공기관의 경우 기업에 비해 언론미디어를 구매할 만한 예산이 턱없다는 점을 생각하면 중심을 잘 잡는 전략이 필요하다.

## 3. 언론사 기획연재에의 참여

언론사는 끊임없이 새로운 사회적 이슈를 찾아내고 문제를 제기하며 대안을 찾아나간다. 그래서 언론사는 특별기획이란 주제로 시리즈들을 만들어 가지만 모든 답을 갖고 시작하는 것은 아니다. 홍보담당자는 신문을 보면서 이러한 코너들에 주목해야 한다.

❖ **언론사 기획연재 참여 절차**

① 신문기획시리즈 코너 발견

기관의 홍보거리와 관련된 코너를 발견한다. 미리 정기적으로 코너분석을 하고 홍보담당자는 매일매일 신문을 주의 깊게 탐독하고 모니터링해야 한다.

② 담당기자 연락 및 아이템 브리핑

미리 기획하면서 모든 목차가 세팅된 경우도 있지만 대부분 신문사에서 특별취재팀을 두면서 사회적 이슈를 보도하는 기획시리즈(예를 들어, 치매시리즈, 작은 결혼식 등)의 경우 유연하게 기사거리를 추가하기도 한다. 이런 경우 담당기자나 출입 기자에 연락하여 제안을 하게 된다.

③ 시리즈별 기사작성 및 지면보도

취재팀에서 요청하는 내용으로 자료를 만들어 제출하고 취재가 필요한 경우 대응한다.

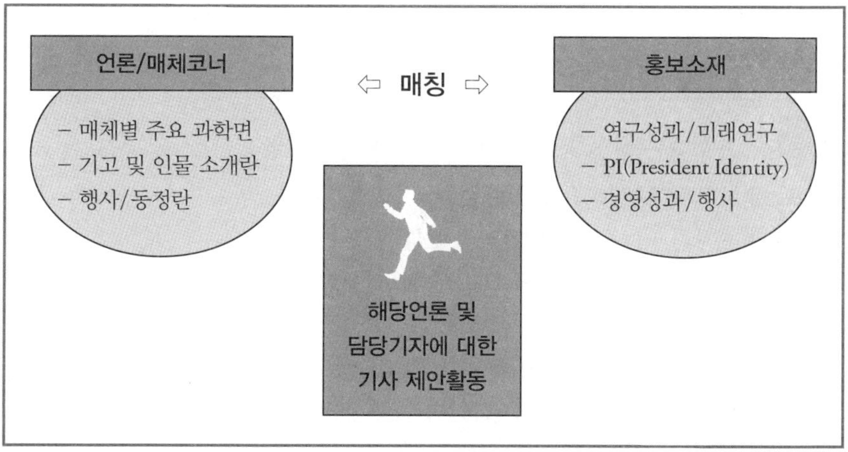


**그림 5-1.** 기획 및 제안형 언론보도

### ❖ 홍보담당자의 열정과 적극성

자신의 연구소에서 진행되는 연구에 대해 담당기자를 만나 제안하는 적극성이 필요하다. 관계가 나쁘지 않다면, 그리고 제안내용에 대해 충분한 정보적 가치가 있다면 기자는 해당내용으로 기사를 실어주기도 한다. 어차피 한 기관에서 모든 해결책을 줄 수는 없다. 창의재단이나 산업진흥원과 같이 관리기관의 경우는 공동기획을 통해 이슈를 제기할 수는 있지만 연구기관은 구체적인 솔루션을 줘야하기 때문에 많은 주제의 답을 연속해서 제공하기는 현실적으로 어려움이 있는 게 사실이다. 신문코너를 모니터링하여 컨텐츠를 적시에 제공하는 것은 훌륭하고 능동적인 홍보 방법이다.

---

**이야기 窓 기자, 담당자의 말**

"2013년 5월경 조선일보에 치매시리즈가 4회까지 진행되고 있었습니다. 홍보회의에서 해당면을 분석하고 연구소의 치매관련 연구가 포함될 수 있는지 검토하기로 해서 연구실에 문의해 연구현황을 조사했더니 7~8건의 치매관련 연구가 이루어지고 있었습니다. 내용을 정리하여 우리 과학담당 기자에게 연락하고 메일로 보낸 후 만나서 설명했더니 검토해 보겠다고 하더군요. 결국 11회차에 치매관련 연구성과가 크게 실리게 됐습니다. 담당기자에게 고마웠고 기분 무척 좋았죠"

---

---

**참고 조선일보 치매시리즈 연구성과 보도 요청 계획**

1. 조선일보 기획 '치매, 이길 수 있는 전쟁' 개요
   - ㅁ 사회 문제가 되는 치매에 대한 집중 분석
     - 특별취재팀 : 안ㅇ용, 석ㅇ준, 김ㅇ림, 박ㅇ기, 나ㅇ림 의학전문기자
   - ㅁ 그간 게재 내용
     - 1회 (5/2) : 몰라서 두려운 병
     - 2회 (5/3) : 빨라지는 치매 시계
     - 3회 (5/4) : 빨리 발견하면 이긴다
     - 4회 (5/7) : 나눠지면 가볍고 한명이 떠맡으면 '지옥'

2. 추진전략
   - ㅁ 코너 기사 분석
     - 그간 시리즈로 게재된 1~4회 간의 기사가 대부분 사회적인 문제와 의료시스템적 대안에 초점을 맞추고 있어 KIST가 개발하고 있는 치매치료 관련 기술을 대안으로 1~2회 보도하도록 요청 하면 가능성이 있을 것으로 판단됨.
   - ㅁ 접촉방법
     - 3~4일내 자료를 준비하여 해당 언론사 과학기자에게 먼저 전달하고, 특별취재팀 연락처를 받아 요청함.

ㅁ 관련 연구자료

| 관련기술 | 책임자 |
|---|---|
| 치매관련 기초 연구 | 이○준<br>(뇌과학연구소) |
| 치매조기진단 가능한가(분자영상, 혈액 Bio 마커)/치매치료기술 | 김○진<br>(뇌과학연구소) |
| 치매케어 시스템(로봇 등) | 김○상<br>(의공학연구소) |

3. 향후 일정

- 5. 13 (월) 오전 : 치료기술 목록 확정
- 5. 14 (화) 오전 : 기술 소개 자료 조선일보 송부
- 5. 15 (수) 오후 : 연구책임자 인터뷰(잠정)

| 연구명 | 인터뷰어 | 인터뷰 일정(5. 15 수) |
|---|---|---|
| 치매조기진단, 치료기술 | 김○진 | 14:00 ~ 15:30 |
| 치매관련 기초연구 | 이○준 | 15:30 ~ 16:30 |
| 치매케어 시스템 | 김○상 | 16:30 ~ 17:30 |

* 참고 : KIST 치매 관련 기술소개자료 포함 내용

### 참고 조선일보 치매시리즈 (특별취재팀) 보도예시

朝鮮日報

2013년 05월 22일
08면 (건강)

# 말하고 게임하고… 치매 예방 로봇 '실벗', 기억력 향상 효과 크다

〈11〉 치매 예방·치료 속도 내는 한국의 최첨단 연구

지난 13일 서울 강남구 치매지원센터. 둥근 몸통의 로봇이 흰색과 검은색이 교차하는 바둑판 위를 이리저리 움직였다. 주변에서 지켜보던 10여명의 눈길이 로봇에 집중됐다. 로봇은 "제가 움직인 대로 똑같이 이동해 보세요. 이 프로그램은 여러분의 시공간 지각 능력을 향상시켜 줍니다"라고 말했다. 로봇을 지켜보던 사람들이 한 사람씩 바둑판 위에 섰다. 자신 있게 움직이던 김모(67)씨의 발걸음이 갑자기 멈췄다. 로봇의 이동 경로를 잊어버린 것이다. 이를 지켜보던 로봇은 "제한 시간이 다 됐습니다. 다음엔 꼭 성공하세요"라고 말했다.

**실벗, 참여자 행동 기록… 치매 진행속도 살피는데 큰 역할**
**3개월 동안 하루 1시간씩 이용한 사람들 대뇌피질 두꺼워져**
**혈액검사 통한 조기진단 연구도 활발… 5년내 상용화 목표**

이 로봇은 한국과학기술연구원(KIST)이 2010년부터 2년간 제작해 작년 초 내놓은 치매 케어 로봇 '실벗'이다. 의료진과 협의해 제작한 치매 예방·치료 프로그램 7개가 내장돼 있다.

로봇을 이용한 치료 효과는 기대 이상이다. 3년 전부터 기억력에 문제를 느껴 치매 예방 프로그램에 참여해왔다는 김씨는 "당시엔 금방 들은 얘기도 까먹고 손자 이름이 기억이 안 나 펑펑 울기도 했다"며 "로봇 프로그램을 하다 보면 재밌어서 시간 가는 줄 모르겠고 요즘은 기억력이 좋아져 실수도 잘 안 한다"고 말했다. 로봇을 제작한 KIST 김문상 지능로봇사업단장은 "참여하는 사람의 기억력, 집중력 등이 게임 기록으로 저장되는데, 이 기록의 변화가 치매 진단이나 진행 속도를 살피는 데 큰 역할을 한다"고 말했다.

실벗의 치매 예방 효과는 의학적으로도 검증됐다. KIST와 삼성서울병원이 진행한 공동 연구 결과, 3개월간 하루 1시간씩 로봇 프로그램을 이용한 60세 이상 노인 24명의 대뇌피질이 미세하게 두꺼워지는 결과를 얻은 것이다. 같은 기간 프로그램을 이용하지 않은 37명의 대뇌피질은 얇아졌다. 대뇌피질은 감각과 운동, 언어 기능을 담당한다.

**국내 주요 치매 연구**

| | |
|---|---|
| 로봇 활용한 치매 예방 및 치료 | - 로봇과 함께 기억력 게임 등을 즐기게 하면서 노인들의 뇌를 활성화<br>- 한국(강남치매지원센터)과 덴마크에서 사용 중 |
| 혈액검사 통한 치매 조기 진단 | - 혈액검사로 알츠하이머 치매 일으키는 불량 단백질의 축적량 파악<br>- 임상 시험 거쳐 이르면 5년 내 상용화 |
| 치매 증상의 원인 규명 | - "치매는 환자의 기억이 사라지는 병이 아니라, 기억을 꺼내는 회로가 막히는 병"<br>- 조만간 해외 전문 저널 통해 발표 예정 |

KIST는 혈액검사를 이용한 치매 조기 진단법에서도 상당한 연구 성과를 거뒀다. 현재 치매 진단은 과정이 복잡하고, 오진(誤診)도 많다. 혈액으로 치매 진단이 가능해지면 간단한 건강검진만으로 치매를 조기에 발견할 수 있게 된다. KIST 김동진 뇌과학연구소장은 "알츠하이머 치매의 원인인 아밀로이드 단백질은 혈액에도 들어 있다"며 "혈액에 있는 아밀로이드 단백질의 양을 정확히 측정할 수 있다면 치매 진단이 가능하다"고 말했다. 이 기술은 5년 내 상용화를 목표로 임상 시험을 준비 중이다.

치매 완치의 가능성을 제시한 연구 결과도 있다. 지금껏 치매에 걸리면 '뇌세포가 파괴돼 기억이 사라진다'는 게 정설이었지만, '뇌에 기억이 남아있는데도 이 기억을 제대로 꺼내오지 못하는 것'이라는 새로운 치매 원리의 증거를 찾았기 때문이다. KIST 이창준 신경과학연구단장은 "치매 환자의 기억회로를 복원하면 이미 치매가 진행 중인 환자도 원래대로 되돌릴 수 있다"고 말했다.

KIST에 따르면 로봇을 활용한 치매 예방·치료, 혈액을 이용한 조기 검진, 치매 원리 연구는 모두 세계 최초의 성과로 각각 저명한 국제 저널에 논문 게재를 앞두고 있다. 그러나 기술이 상용화되기까지 넘어야 할 난관이 많다. 1대당 3000만원인 치매 케어 로봇은 대량생산이 어려워 현재 국내 2곳, 해외 1곳에만 보급된 상태다. KIST의 치매 관련 연구진은 20여명, 1년 예산은 60억원 정도다. 미국 대형 제약회사의 10분의 1에도 못 미치는 수준이다.

특별취재팀

채승우 기자

지난 13일 서울 강남구 치매지원센터에서 치매 케어 로봇 '실벗'을 활용한 치매 예방 교육을 하고 있다. 실벗이 바둑판 위를 이동한 자리를 기억했다가 따라 걷는 게임 '실벗 따라 종종종'은 시공간 지각 능력을 향상시키는 데 도움이 된다.

(35.9*18.3)cm

[출처 : 조선일보, 8면(2013. 5. 22)]

제6장
# 인터뷰 기사의 활용

인터뷰는 인터뷰를 받는 사람의 말을 가감없이 전달하여 생동감 있는 면을 구성하고자 하는 경우에 사용하는 코너이다. 인터뷰 대상은 저명성이나 특이성을 가져 기사로서의 가치를 높인다. 인터뷰 대상자의 감정상태, 주변환경에 따라 감춰놨던 진실이 나올 수도 있고 얼굴을 마주보거나 육성을 전달 받기 때문에 인터뷰 기자의 능력에 따라 결과가 크게 달라지게 마련이다. 사건현장에서 바로 이루어지는 돌발 인터뷰와 미리 대략의 취지와 질문을 공유한 상태에서 진행되는 인터뷰가 있다.

## 1. 인터뷰 코너 발굴

### (1) 인터뷰코너 취재 요청

CEO인터뷰, 명사 인터뷰 등 언론사마다 해당 코너들이 있다. 기관장이나 연구책임자 등 코너에 맞는 경우 적극적으로 인터뷰 기사를 활용하여 기관을 홍보할 필요가 있다. 대부분 언론사 인터뷰 코너는 인기가 있어 면을 확보하기가 쉽지 않다.

**❖ 인터뷰 코너 발견**

– 기관장이나 연구책임자를 통한 기관홍보가 가능한 코너 발견

예) 조선일보 – CEO가 말하는 내 인생의 ○○○
중앙일보 – 사람속으로(토요판)
한국일보 – 과학자가 부러워하는 과학자
매일경제신문 – 매경이 만난 사람
한국경제신문 – 한경과 맛있는 만남
디지털타임즈 – 월요초대석

**❖ 담당기자에 연락 및 아이템 브리핑**

– 대략의 인터뷰 소재를 정리하여 담당기자와 연락
– 평소 유대를 잘 맺어 놓을 필요가 있음

**❖ 인터뷰 및 지면보도**

– 담당기자의 인터뷰에 대응하며 필요시 자료를 만들어 제출하고 취재가 필요한 경우 대응함

## 2. 인터뷰 준비와 진행

### (1) 인터뷰 또는 출연요청 접수

신문사의 경우 출입기자 또는 사회부장, 방송사의 경우 프로그램 제작 담당자의 인터뷰 요청을 홍보담당자가 접수한다.

### (2) 인터뷰 또는 출연요청 검토

– 인터뷰 요청에 대해 홍보담당부서(대변인실)는 접수하여 인터뷰의 성격, 참석적임자, 예상효과를 종합적으로 검토하여 1차 판단한다.
– 대상이 기관장일 경우 비서실과 협의하여 일정을 확인하고 요청 개요서를 작성하여 홍보부서장이 기관장에게 보고한다.

- 인터뷰 대상이 특정 부서장일 경우 해당부서에 통보하여 타당성 검토하게 한다.

### (3) 인터뷰 또는 출연여부 통보 및 질의서 접수

- 요청기관에 출연 여부를 통보한다.
- 요청기관으로부터 인터뷰 질의서 또는 시나리오 초안을 접수받는다.

#### Note 인터뷰 사전준비

인터뷰를 할 때 사전 준비를 철저히 해야 순간순간 대처를 잘 할 수 있다. 인터뷰의 목적을 기자에게 문의해 보고 목적에 맞게 예상 질문이나 힌트를 받아 답변을 정리한다. 특히 한 조직의 기관장에 대한 인터뷰를 진행하는 경우 인터뷰는 조직을 대표하는 입장이 되기 때문에 홍보담당자는 인터뷰를 따왔다는데 기뻐하지 말고 긴장하여 예상 질문을 확보하고 이에 맞게 연구업적, 휴먼스토리, 특정 사건의 전말 등을 정리해 놓고 준비 시켜야 한다. 질문 내용이 여러 부서에서 답변할 사항이면 정리하여 해당부서에 기한내에 인터뷰 답변서를 작성해 올 수 있도록 조치해야 한다. 신상에 불리한 것을 취재하기 위해 요청하는 경우는 신중하게 결정해야 한다.

#### 참고 기관장 인터뷰 질의서에 대한 부서 역할분담 예시

1. 원장님은 오랜 기간 본원에 재직하셨기에 본원에 대한 애착이 남다르실 것으로 생각됩니다. 먼저 원장님과 본원에 대한 소개부터 좀 해주십시오.(홍보팀)
2. 본 기관은 지난 반세기 동안 국가와 사회발전을 견인해 왔는데, 2000년대 융·복합 미래 원천기술 확보를 위한 비전에 대하여 말씀해 주십시오.(홍보팀)
3. 2011년의 주요 성과와 2012년 최우선 연구과제에 대하여 말씀해 주십시오.(연구지원실)
4. 우리 기관의 중점 연구영역으로 저탄소·녹색성장 에너지 기술개발이 있는 것으로 알고 있습니다. 그 동안의 성과에 대하여 소개해 주십시오.(홍보팀)
5. 특히 국가기반기술 연구본부에서는 연료전지, 태양전지, 청정에너지, 물 연구

센터 등이 있는데 연구 결과에 대한 실용화와 기술이전은 어떻게 이루어지고 있는지요?(기술사업화팀)

6. 본원은 현재 해외 연구소, 연구실, LAB, 해외협력센터 등을 운영해 오고 있는데, 해외 연구소의 주요 역할에 대하여 말씀해 주십시오.(국제협력팀)
7. 끝으로 미래를 여는 '글로벌 선도 기관'으로서의 앞으로의 계획과 원장님이 재임 중에 꼭 이루고 싶은 사업에 대하여 말씀해 주십시오.(정책기획팀)

---

### (4) 예상질의 응답 준비와 보고

기관장의 인터뷰는 반드시 홍보담당자가 준비된 질문과 답변서를 준비하여 보고하고 의견을 물어야 한다. 수정 요청 사항이 있으면 수정하여 인터뷰 시 참조할 수 있도록 배려해야 한다. 다음 사항을 주의하도록 조심스럽게 전달해야 한다.

① 인터뷰 질의 답변서를 작성한다.
- 질의서 소관부서 분류 ⇨ 답변서 작성의뢰(홍보부서 → 업무담당부서) ⇨ 답변서 작성(업무담당부서) ⇨ 최종질의답변서 작성 확인(홍보담당자/업무담당자/비서실)

② 기관장에게 보고한 후 필요시 검토회의와 리허설을 거친다.

③ 최종자료 및 참석정보 제공(홍보담당부서/비서실)
- 신문(기자, 장소, 시간계획 등), 라디오(전화연결담당자 및 시간), TV(약도, 배차, 주차, 스튜디오, 피디 등)

### (5) 인터뷰 및 출연

- 신문인터뷰 : 인터뷰 장소에서 도착, 가벼운 인사 후 인터뷰 시작
- 라디오 인터뷰 : 전화연결
- 방송인터뷰 : 스튜디오 이동, 분장(30분전), 녹화(또는 생방송)

**Check 홍보담당자의 인터뷰 배석(메모, 녹취, 정리, 추가자료 대응)**

기관장과 기자에게 양해를 구하고 배석하여 인터뷰의 전체적인 흐름을 메모하고 핸드폰의 녹취기능을 활용하여 녹음해 놓는 것이 좋다. 정리하여 내부적으로 보관하며 추가적인 자료요청에 대해서도 현장에서 파악하여 전달할 수 있어야 한다. 특히 기관장의 지시나 기자의 잘못된 편견 등이 있으면 후속 대응하여 잘못된 내용이 나가지 않도록 해야 한다. 또한 현장에서 추가적 자료가 발생하는 경우나 요청에 대해 대응할 수 있어야 한다.

**Note 인터뷰 시 주의사항**

- 기자가 불쾌한 기분이 들지 않도록 하며, 전문성이 부족하다고 무시하지 말 것
- 되도록 암시가 없는 명료한 답변을 할 것
- 질문에 덫이 있는지 파악하여 답변
- 구체적으로 비밀을 보장하지 않는 한 대화중 한 말은 기사화 될 수 있다는 점 명심
- 응답하기 곤란하거나 대답하고 싶지 않을 때는 솔직하게 이유 밝히고 양해를 구함
- 다른 기관이나 부처에 책임을 전가하는 뉘앙스의 발언은 큰 파장이 되므로 삼가
- 중요한 사실은 정확하게 말하며 재차 삼차 반복
- 사건일 경우 육하원칙을 준수
- 중요한 숫자나 데이터는 따로 자료를 주겠다고 함

## 3. 사후자료 보완 및 모니터링

인터뷰의 종류에 따라 준비했던 질문 답변지를 요구하는 기자도 있다. 또한 인터뷰 과정에서 나온 내용에 대해 세부적인 자료를 요청하는 경우도 있다. 이에 대해 홍보담당자는 전체적인 인터뷰 진행 분위기 등을 고려하여 자료의 쓰임새를 예상하고 필요한 자료를 전달해야 한다. 일단 인터뷰가 종료되

고 대략의 게재 일자를 확인한 후 날짜를 공유한다. 일단 지면상에 게재 되면 인터뷰 당사자와 기사를 전달하고 다른 기자나 직원들의 느낌을 취합하여 공유하면 좋다. 기사화 된 것에 대해 홍보담당자가 기자에게 감사를 표하거나 인터뷰 당사자가 직접 감사를 표하는 것으로 마무리 된다.

### 참고 기관장 대담 기사 예시

東亞日報

2013년 07월 12일
23면 (IT,과학)

**"답 없는 연구를 하는 곳이 KIST입니다"**

문길주 원장 '넓은 시야論'
"뇌과학 같은 국가 장기과제 전담
가시적 성과보다 긴 호흡으로 연구"

"국민의 세금으로 운영되는 정부출연연구기관들은 해결하기 어려운 문제를 풀어 주는 곳입니다. 이런 문제는 1, 2년 연구해서 답이 나올 수 있는 것들이 아니죠. 그러니까 사람들이 그 연구소는 뭘 하는지 모르겠다고 얘기하는 것이기도 하고요."

우리나라 과학기술 정부출연연구기관 중 맏형격인 한국과학기술연구원(KIST) 문길주 원장(사진)은 KIST란 이름은 많이 알려졌지만, 뭘 하는 곳인지 모르겠다는 사람이 많다는 이야기에 대해 "당연하다"고 답했다.

"우리 연구원이 처음 만들어졌을 때는 TV도 만들고, 전자식 전화기도 만들고, 간디스토마 약도 만들고, 심지어는 공업용 인조다이아몬드도 만들었습니다. 그런데 지금 연구하고 있는 뇌과학 같은 분야는 짧게는 10년, 길게는 그 이상의 시간이 걸릴 수 있습니다. 대중의 입맛에 딱 맞는 성과들이 안 나오니까 뭐 하는지 모르겠다는 얘기를 할 수 있는 거죠. 그렇다고 섭섭하다는 생각은 들지 않습니다."

KIST 제공

문 원장은 "출연연이라는 것이 국가의 미래를 준비하는 곳이기 때문에 뭘 연구하는지 구체적으로 알려지지 않는 것"이라며 "더군다나 KIST는 종합연구소 성격이 강하기 때문에 다른 출연연들과는 필연적으로 다를 수밖에 없다"고 강조했다.

그렇다면 출연연이 국민의 신뢰를 얻고 거듭나기 위해서는 어떻게 바뀌어야 할까.

문 원장은 "많은 분야에서 대한민국 국가경쟁력은 10위권 안에 들고 있는데, 과연 우리 출연연들이 해외 연구기관들과의 경쟁에서도 그런가를 고민해 봐야 한다"며 "연구도 대한민국의 좁은 틀로만 보지 말고, 시야를 더 넓혀야 할 것"이라고 말했다. 프랑스 파스퇴르연구소의 백신 연구처럼 개발도상국을 위한 연구가 필요하다는 것이다. 개발도상국이나 저개발국가 사람들의 삶의 질을 높이는 연구를 한다면 자원 외교 같은 것을 하지 않더라도 저절로 새로운 시장이 열릴 것이라는 예측이다.

그는 "어떻게 하면 소녀시대나 싸이처럼 문화로써 과학을 보여 줄 수 있을까를 고민하는 것이 앞으로 출연연들에 주어진 중요한 과제"라고 말했다.

정부출연연구기관 기관장들에게 연구원의 속사정에 대해 듣는 '원장이 말하는 출연연 톡톡(Talk Talk)' 인터뷰 전문은 인터넷 '동아사이언스 포털(www.dongascience.com)'이나 스마트폰 '동아사이언스' 앱을 통해 볼 수 있다.

유용하 동아사이언스 기자 edmondy@donga.com

(22.0•14.2)cm

출처 : 동아일보, 23면(2013. 7. 12)

### 참고 기관장 대담 방송 예시

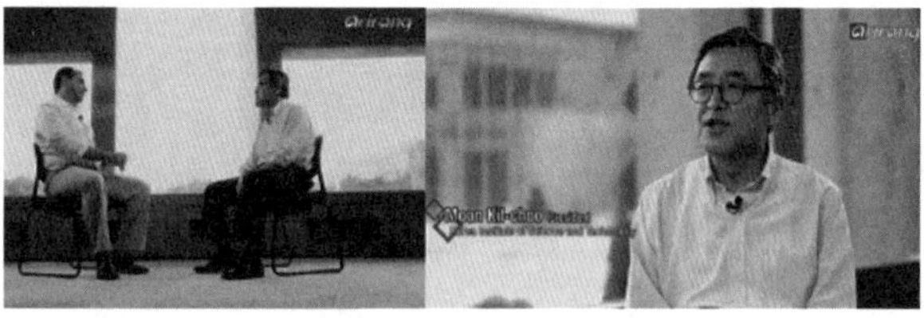

출처 : 아리랑TV, 창조경제와 기초과학의 역할(2013. 8. 9)

제7장

# 기고의 활용

## 1. 기고의 이해

### ❖ 기고의 중요성

기고에 의한 기관의 언론 노출은 가장 효과적인 매체활용 홍보방법 중 하나이다. 하지만 이러한 기고기사는 많은 기관이나 단체들이 원하고 있어 쉽게 노출시키기 어렵고 많은 사항들을 전략적으로 고려해야한다. 지면의 칼럼이나 의견란에 기고를 하는 것은 내부의 정돈된 의견을 가지고 기고자의 대표성을 빌어 정책을 홍보하고 기관장이나 기관자체의 이미지 높일 수 있는 좋은 홍보 방법이다.

### ❖ 적절한 코너 및 이슈 발굴

어느 언론사나 고정 기고코너를 운영하며 여론독자부 등과 같은 기고 전담부서를 운영하고 있다. 기고를 위해서는 물론 기고의 내용이 좋아야 하겠지만 전담부서와 평소 좋은 관계를 갖고 있어야 하며, 해당 기고 코너의 성격과 빈도, 적합도를 살펴 타깃을 결정하는 것이 중요하다. 기고에 실리는 것은 일반적으로 매우 어려운 일로 생각되고 있다. 특히 구독률이 높은 언론의 경우는 더 심하다. 기자의 말을 빌리면 많이 밀려 있는 게 다반사이므로 사회적 이슈를 예상하거나 준비를 통해 적절한 시기에 선제적으로 기고를 제공해야 채택

율이 높아질 수 있다고 한다.

① 매월별 과학관련 이슈 발굴

시의성 있는 기사는 독자들에게 큰 임팩트를 줄 수 있기 때문에 기자들에게 어필할 수 있는 큰 이점이 있다. 최신의 정보라든지 계절이나 시기에 적절한 정보라든지 관련된 사회적 이슈에 기고문을 작성해야 한다. 예를 들어, 과학의 날(4월 21일)이 있는 4월은 과학의 달, 10월은 노벨상 수상자가 발표되는 달 등 주기적인 과학이슈가 있는 달에 맞는 보도 자료를 작성하여 기고한다면 영향력 있는 기사가 되어 효과적인 매체활용이 될 것이다.

② 신문사별 특별 기획 정보 파악

신문사에서는 자주 특별기획으로 시리즈 기사를 게재한다. 이러한 기획과 연관된 주제의 기고라면 채택의 가능성이 높아질 수 있다. 예를 들어, 2014년 조선일보의 〈통일이 미래다〉 시리즈, 2013년 5월 2일부터 〈치매, 이길 수 있는 전쟁〉 시리즈 등 언론사 마다 진행하는 특별 기획기사들이 있다. 이에 맞는 보도 자료를 전략적으로 준비하여 기자들에게 제공한다면 실제 기사에 실릴 확률은 매우 높아진다.

### ❖ 기고문의 작성 절차

– 자신이 직접 작성하는 경우

- 주제 구상 ⇨ 기고문 작성 ⇨ 전문가 감수

– 전문작가 활용하는 경우

- 주제 구상 ⇨ 키워드 인터뷰 ⇨ 작가활용 문장작성 ⇨ 기고자 감수

### ❖ 채택률 높은 기고의 조건

채택률이 높은 기고는 공통점이 있다. 우선 많은 사람들이 인지하고 공감할 수 있는 시사성이 있어야하고, 그 소재를 적절하고 참신한 아이디어로써

## 참고 기관장 기고 예시

朝鮮日報

2014년 07월 02일
31면 (오피니언)

# 화학적 統合 이뤄야 할 정부 출연 연구소들

**기고**

이병권
한국과학기술연구원 (KIST) 원장

전 세계 인구의 0.2%에 불과한 유대인들이 역대 노벨상 수상자의 20% 이상을 차지하는 비결은 무엇일까? '유대인 창의성의 비밀'이라는 책은 격의 없는 토론문화를 그 비결로 꼽는다. 유대인들은 일찍부터 나와 생각이 다른 사람들과 자유롭게 의견을 나누는 토론을 통해 창의성을 키우기 때문에 창의성이 가장 중요한 노벨상에서 그만큼 강점을 가진다는 말이다.

우리 과학계의 노벨상 수상도, 창조경제의 핵심 테마도 결국은 창의성으로 귀결된다. 보다 창의적이고 생산적인 과학기술을 위해서는 각자 충분한 경쟁력을 가진 이종(異種) 기술 간의 융합과 시너지를 확보하는 일이 무엇보다 절실하기 때문이다. 이런 관점에서 기초기술연구회와 산업기술연구회로 나뉘어 있던 정부 출연 연구소들이 국가과학기술연구회로 통합되어 그동안 출연연(硏) 간 융합연구를 가로막아왔던 물리적 칸막이가 제거된 것은 고무적인 일이다.

문제는 실질적인 칸막이를 제거하는 화학적 통합이 얼마나 효과적으로 잘 이루어지는가이다. 25개 출연 연구기관이 한국 경제와 국민 행복에 기여하는 연구성과를 창출하기 위해서는 벽을 터 준 것에서 한 걸음 더 나아가 교류와 협력을 활성화할 묘안을 함께 찾아야 한다. 새로 출범하는 국가과학기술연구회는 기존의 관리 중심에서 지원 중심으로 전환하여 출연연 간의 교류·협력을 실질적으로 뒷받침할 것으로 알려져 있다. 공감하고 반길 만한 일이지만 그 어느 때보다 과학기술계의 기대가 큰 만큼 국가과학기술연구회의 성공적 운영을 위해 꼭 필요한 몇 가지 일이 있다.

첫째, 국가과학기술연구회를 조기에 정착시키기 위해서는 새롭게 구성되는 이사장과 경영진이 25개 출연 연구소 간 실질적 시너지를 창출할 수 있도록 힘을 실어주어야 한다. 국가과학기술연구회가 출연연의 든든한 우산 역할을 하고, 법과 제도 속에 묻혀 출연연 현장을 어렵게 하는 '손톱 밑의 가시'도 제거하기 위한 첫걸음은 신임 이사장과 경영진이 소신껏 일할 수 있는 여건을 만드는 데서부터 시작한다.

둘째, 국가과학기술연구회 이사회가 출연연의 의견을 반영하고 대변할 수 있는 메커니즘이 마련되어야 한다. 그동안 출연연 간 소통의 문제는 출연연에도 있었지만 출연연과 연구회 간 부분도 큰 비중을 차지해왔다. 따라서 국가과학기술연구회 운영에 있어 출연연의 의견이 더 정확하게 반영될 수 있는 방안을 찾아야 한다. 연구 현장과 컨트롤 타워 간의 원활한 커뮤니케이션이 출연연들의 융합과 시너지의 기본이 될 것이기 때문이다.

셋째, 개별 출연연의 한계를 극복할 수 있는 통합적 지원체계를 강화해야 한다. 국가과학기술연구회는 파견 후 소속 기관으로 복귀하는 일몰(日沒)형 조직인 융합연구단 운영을 통해 출연연의 연구 역량을 결집할 계획인 것으로 알려졌다. 융합과 협력은 물리적 파견을 포함한 다양하고 유연한 형태로 진화해 가야 한다. 이를 시작으로 수많은 연구자들의 창의적 아이디어가 서로 만날 수 있는 물꼬를 터줘야 할 것이다. 또 출연연의 융합 연구와 중소기업 지원뿐 아니라 과학기술 ODA, 민군(民軍) 협력, 과학 대중화 등 개별 연구소 차원에서 수행하기 어려운 부분에서도 통합적이고 창의적인 역량을 발휘할 수 있도록 힘써줘야 한다.

(17.2•15.3)cm

출처 : 「조선일보」, 〈화학적 통합 이뤄야 할 정부 출연연구소들〉(2014. 7. 2)

주장할 수 있는 임팩트가 있어야한다. 마지막으로 독자에게 전하려는 바를 온전히 담아낼 수 있는 문장력이 중요하다. 기고를 작성한 후, 아래의 〈표 7-1〉을 통해 기고문의 자가 등급 평가로 어느 수준의 언론사에 배포할 수 있는지 검토해 보는 것이 좋다.

**표 7-1.** 기고문의 자가 등급 평가

| 구분 | 내용 | 등급 |
|---|---|---|
| 시사성 | 최근 사회적 이슈, 국민적 관심사 등 | 1 2 3 4 5 |
| 임팩트 | 적절한 주장과 진단, 새로운 사실, 튀는 아이디어 | 1 2 3 4 5 |
| 문장력 | 논리구성, 감동, 유려함, 구체성 | 1 2 3 4 5 |
| 합계 | | |

• 점수대별 언론사 기고 목표 설정 예시

– 총점 : 15점 이상 –– 메이저 신문사

– 총점 : 12점 이상 –– 경제지, 전문지, 구독률 10위내 일반지

– 총점 : 10점 이상 — 기타신문

## 2. 언론기고 전략

**표 7-2.** 단계별 기고 전략

기고소재 발굴 및 내부자 섭외

⇩

언론사 담당기자와 면담

⇩

기고문 작성

⇩

신문사 전달 및 모니터링

**(1) 기고소재 발굴 및 내부자 섭외** – 주제와 목적을 명확히 한다.

• 기고의 목적이 추구하는 목표와 같은 방향이어야 한다.

– 기고란 독자가 특정한 목적과 주장을 지면을 통해 표현하는 글이다.

• 시의성 있고 임팩트 있는 좋은 주제를 잡아야 한다.

예) 해당 월의 사회/정치/경제적 이슈, 기념일 등과 연계

예) 몇 년 간의 기고 리스트 조사

예) 해외 주요 기고 및 이슈 조사

예) 신문사 별 특별 기획기사 계획 또는 진행여부 조사

**(2) 언론사 담당기자와 면담** – 적절한 언론매체를 선택한다.

• 영향력 있는 매체 우선, 그러나 언론의 성향과 맞춰 선택한다.

- 평소 호의적 관계에 있는 언론을 선택한다.
- 출입기자나 전담기자와 협의한다.

**(3) 기고문 작성** – 글을 맛깔나게 써야 한다.

- 글의 기본구성을 알아야 한다.
  - 주장형 PREP 구조 : 주장(Persist), 근거(Reason), 예시(Example), 주장(Persist)의 구조로 전달내용을 명확히 한다.
  - Story형 기승전결 구조 : 사건의 시작, 갈등, 전개, 결론 순의 이야기형 구성으로 주장하는 바를 넣는다.
  - 정보형 5W1H 구조 : 언제, 어디서, 누가 등 육하원칙에 따라 사실 정보 형태로 구성하여 끝에 주장을 넣는다.
- 신선한 정보재료와 논리구성, 분석, 관점의 가치가 명확해야 한다.
- 문장이 전체적으로 매끄럽고 어문적 오류가 없어야 한다.
- 기고의 내용 중 문제소지가 될 만한 사항을 수정한다.

**(4) 신문사 전달 및 모니터링** – 전달 후, 지속적으로 모니터링 한다.

- 기고게재 예정일을 계속 모니터링 한다.

  예) 신문사별 기고관리 시스템 기자 통해 모니터링
- 기한을 두고 안 나올 경우 다른 신문에 전달하거나 폐기한다.

  예) 내용을 전달할 신문에 맞게 시의성 있는 내용을 수정하여 전달

## 3. 기고문의 작성

### (1) 문장 프레임

사실 전문적인 기고문을 작성하는 것은 상당한 문장력과 소질을 필요로 한다. 언론사의 논설위원이 아닌 이상 좋은 글을 쓰려면 기본적인 문장 프레임

에 익숙해질 필요가 있다. 기고문에 훈련이 많이 된 사람들은 스토리형 기고나 정보형 기고 등 다양한 방법으로 문장을 만들기도 한다. 그러나 전문가가 아닌 이상 효율적으로 주장을 전달하는 몇 가지 간단한 기고형 문장 구성에 익숙해져 기고문에 활용하거나 그 틀에서 기고문을 평가해 볼 필요가 있다.

**표 7-3.** 간단한 기고형 문장구성 및 활용

| 종류 | i-PREP 형 | i-P(RE)$^n$P 형 |
|---|---|---|
| 문장 구성 | • intro(도입)<br>• Persist(주장)<br>• Reason(진단, 근거, 소주장)<br>• Example(예시)<br>• Persist(주장강조) | • intro(도입)<br>• Persist(주장)<br>• 1. Reason(진단, 근거, 소주장)/Example(예시)<br>• 2. Reason(진단, 근거, 소주장)/Example(예시)<br>• 3. Reason(진단, 근거, 소주장)/Example(예시)<br>• Persist(주장강조) |
| 활용 | 특별한 한 가지 주장을 근거와 다양한 예를 통해 기술하는 기고이며 주장과 근거, 구체적 예를 통해 강한 인상을 줄 수 있다. 특히 마지막에 주장하는 바를 다른 표현으로 강조하며 마무리 한다. | 주요한 주장에 대해 여러 가지 대안을 제시하는 경우다. 각 주장에 대해서도 소주장이 있을 수 있고 역시 근거와 예시들이 들어가면 문장이 명쾌해진다. 물론 들어가는 예시나 근거가 신선하고 신뢰성 있어야 한다. |

### (2) 문장구성 기고 예문(i-PREP형)

제목 : 착하게 살자는 수준의 노사정 일자리 합의

• intro(도입)

노 · 사 · 정이 일자리 확대를 위한 협약을 체결했다. 정부는 이른바 시간제 정규직 공무원을 확대하고, 대기업은 2017년까지 청년 신규 채용을 전년보다 늘리는 내용 등이 포함됐다. 노사가 60세 정년연장에 따른 임금피크제와 임금체계 개편에 협력한다는 합의도 들어 있다. 고용노동부는 고용률 70% 달성을 위한 로드맵의 첫 단추를 잘 끼웠다고 자평하는 모양이다.

• Persist(주장)

그러나 이번 협약은 말의 성찬일지는 몰라도, 진정성은 평가할 수 없다. 노사 간 요구사항만 모아놓았을 뿐, 고통을 분담한다는 양보가 없다. 당장 통상임금, 근로시간 단축 같은 현안들은 노사 간 입장 차이만 확인한 채 아무런 진전이 없다. 정년 60세 연장 문제만 해도 세대 간 일자리전쟁이 벌어질 판인데 어떻게 풀겠다는 대안도 없이 그저 정년도 늘리고 청년 고용도 늘리자는 식으로 듣기 좋은 말만 나열하고 있다.

• Reason(근거)

노동계는 기업의 인위적인 정리해고 요건을 강화해야 한다고 요구하지만, 같은 동전의 반대쪽인 고용의 유연성, 신규 채용의 경직성 문제는 언급조차 하지 않고 있다. 정부 역시 일자리 묘책이라는 게 결국 세금으로 봉급을 주는 시간제 공무원을 늘리겠다는 것이 전부다. 기업의 일선 현장과는 거리가 먼 사진찍는 협약이라는 지적도 나온다.

• Example(예시)

'착하게 살자'는 식의 대응으로는 아무것도 해결할 수 없다. 1982년 네덜란드의 바세나르협약이나, 2003년 독일의 하르츠 개혁 같은 사회적 합의는 이대로는 살아남지 못한다는 노·사·정 모두의 절박한 상황인식을 기반으로 하고 있다. 정부는 정권을 걸었고, 노조는 임금인상을 양보했고, 기업은 일자리를 유지하며 사즉생의 각오로 임했기에 성장과 고용을 다시 일으킬 수 있었다.

• Persist(주장강조)

구색만 갖추며 행사만 그럴듯한 협약은 합의정신만 우습게 만드는 꼴이 되기 십상이다. 진짜 문제를 다룰 용기가 없는 것인지, 문제의 심각성을 모른다는 것인지.

### (3) 문장구성 기고 예문( i-P(RE)$^n$P형)

제목 : 시험대에 오른 박근혜정부의 갈등관리

• intro(도입)

전국 곳곳에서 갈등 이슈가 돌출, 출범한 지 100일이 채 안 된 박근혜정부의 갈등 관리 능력을 시험하고 있다. 그제 경남도의 진주의료원 폐업 결정은 전국 공공의료 논쟁으로 달아오른 상태다. 7년여 끌어온 밀양 송전탑 건설도 한국전력과 밀양 주민 사이 문제에서 중앙정부의 일로 커졌다. 급기야 박근혜 대통령이 국무회의에서 "미리미리 성의를 갖고 대화를 나누고 신경을 썼더라면 이렇게까지 갈등이 벌어지지 않았을 것 아니냐는 얘기를 매번 문제가 빚어질 때마다 듣게 된다." 고 질타하는 일까지 생겼다.〈중략〉

• Persist(주장)

이 참에 악순환의 고리를 끊어야 한다. 갈등의 본질이 다르니 대응 매뉴얼을 만드는 건 쉽지 않을 게다. 그러나 몇 가지 원칙을 정하는 건 가능하다고 본다.

1. Reason(진단, 근거, 소주장)/Example(예시)

우선 박 대통령이 언급한 선제적 관리다. 갈등 소지가 있는 사안은 미리미리 챙겨야 한다. 이해당사자들과도 지속적 소통이 필요하다. 이때 필요한 게 진정성이다. 미국산 쇠고기 사태를 겪은 이명박정부가 백서를 통해 한 "정부 정책에 대한 신속하고 일사불란한 집행도 중요하지만 국민과 적극적으로 소통하고 신뢰를 쌓아 이를 바탕으로 국정을 운영하는 게 그 어떤 것보다 선행돼야 한다."는 조언을 되새길 만하다.

2. Reason(진단, 근거, 소주장)/Example(예시)

1회용 계책보단 지속 가능한 해결책을 택해야 한다. "'우는 아이 떡 하나 더 준다'는 식으로 더 많은 이익을 요구하면 더 많이 보상받을 수 있다는 학습효과가 갈등을 더욱 복잡하고 첨예하게 하고 있다"는 게 전문가의 지적이다.

3. Reason(진단, 근거, 소주장)/Example(예시)

때론 지역의 자체 해결 능력을 믿어야 한다. 진주의료원처럼 중앙정부가 개입하는 게 오히려 문제를 전국화·장기화하기도 한다. 대형 국책사업의 경우 임기 내 추진이 어렵다는 판단이 내려지면 국민에게 솔직하게 고백하는 것도 방법이다.

질질 끌다가 회복탄력성이 떨어지는 임기 후반에 뭇매를 맞느니 초반에 정리하는 게 나을 수도 있다.

• Persist(주장)
청와대의 현명한 대처를 기대한다.

## 제8장

# 홍보 이벤트(포럼 및 행사 공동기획)

## 1. 홍보이벤트란?

기관이 진행하는 각종 홍보 이벤트는 신문이나 광고와 같이 매체를 통해 공중과 접하는 것이 아닌, 직접 공중과 소통하는 매우 중요한 현장 커뮤니케이션 활동이다. 이벤트는 홍보의 대상이 되는 공중(Target audience)과 직접 대면하기 때문에 여러 가지 장점을 갖는다. 첫째로, 메시지의 전달 효과가 매우 크다. 둘째로, 커뮤니케이션의 현장성으로부터 오는 감동을 공중에게 전해줄 수 있다는 점이다. 하지만 이러한 장점에도 불구하고 홍보대상인원이 이벤트에 참여한 인원으로만 제한되고, 비용효과 측면에서 부담이 되기 때문에 홍보담당자의 입장에서는 조심스러운 홍보 방법으로 인식되기도 한다.

최근 들어 신문, 잡지, TV 등의 매스미디어를 통한 이벤트 홍보를 통해 메시지를 전달하기도 하며, 페이스북, 트위터 등을 통한 소셜미디어를 결합하여 바이럴마케팅으로 이어질 수 있다. 뿐만 아니라 이벤트의 효과를 측정할 수 있다는 점에서 언론 공보(Publicity)를 목적으로 기획하는 경우도 있다. 앞의 설명과 같이 처음부터 언론에 알릴 목적으로 진행하는 것을 퍼블리시티 스턴트 이벤트(Publicity Stunt Event)라고 한다.

이와 같은 홍보 이벤트 기획을 하려면 매체에 대한 이해와 저널리즘에 대한 통찰력이 필요하다. 언론에서는 기업이나 기관의 이벤트 자체보다는 시의성, 공공성, 사회적 이슈, 흥미도 등에 더 초점을 두기 때문에 이를 잘 활용한다면 저비용, 고효율의 강력한 홍보효과를 이끌어 낼 수 있을 것이다.

기관의 입장에서는 위와 같은 특성을 이용하여 제한된 예산이나 지원으로도 성과나 정책을 성공적으로 홍보하고 이슈를 창출하는 선도적 브랜드로써의 가치를 높이는 역할을 할 수 있다.

## 2. 홍보와의 연관성

이벤트는 통상 참가자들의 수가 제한돼 있어 신문 방송 등 전통적인 대중매체나 인터넷을 활용한 적극적인 퍼블리시티가 뒷받침되지 않으면 자칫 비용의 낭비만 부를 수 있다. 이와 같은 홍보 이벤트 기획을 하려면 매체에 대한 이해와 저널리즘에 대한 통찰력이 필요하다. 언론에서는 기업이나 기관의 이벤트 자체보다는 시의성, 공공성, 사회적 이슈, 흥미도 등에 더 초점을 두기 때문에 그러한 점들을 기획단계에서부터 염두에 두어야 한다. 다만, 앞에 나열한 저널리즘의 흥미요소와 부합하고도 홍보와 이어지지 않을 수도 있다. 그렇기 때문에 홍보의 목표를 분명히 하고, 대상 미디어 선정과 메시지 전달에 집중해야 한다. 홍보담당자는 보도 자료, 인터뷰, 기고 등 정보제공 형태를 다각도로 활용하며, 취재 지원방법을 반영하여 이벤트 예산과 일정을 짠다. 이를 잘 활용한다면 저비용, 고효율의 강력한 홍보효과를 이끌어 낼 수 있을 것이다.

## 3. 홍보이벤트의 계획

홍보이벤트는 기획부터 집행, 사후처리를 일정한 기준을 정하고 상황에 맞게 고려해야한다.

– 퍼블리시티 목표 : 홍보이벤트를 진행함으로써 얻을 수 있는 것을 염두에 둔다.

– 대상 언론 및 핵심 메시지 : 어떤 매체와 언론을 통해 홍보이벤트를 알릴 것이며 핵심 메시지가 저널리즘의 초점에 부합하는지 고려한다.
– 주요 이벤트 내용 : 홍보이벤트의 구체적인 내용과 구성에 대해 설명한다.
– 프레스 릴리즈(Press Release) 일정 및 방법 : 프레스 킷, 기자 간담회, 보도 자료 작성 배포, 현장 초청 등의 시기와 형태에 대한 고려한다.
– 예산 및 추진 일정 : 구체적인 예산 수립과 사후평가의 기준을 세운다.

---

**참고** 기획이벤트 사례

## 서울역사박물관 'KIST 로봇전' 시행(안)

1. 행사목표
   – KIST 휴머노이드의 다양한 가능성 홍보 및 긍정적 이미지 제고

2. 전시개요
   □ 전시제목 : 사람을 닮은 로봇, 휴머노이드 · KIST 로봇전
   □ 전시장소 : 서울역사박물관 1층 로비(광화문 경희궁 옆 소재)
   □ 전시기간 : 2011. 12. 27~2012. 1. 15/20일간(전시시간 : 09:00~21:00)
   □ 전시주최 : 서울역사박물관, KIST

3. 전시내용
   □ 전시컨셉 : Robot(動) + Human(念) = Humanoid
   □ 전시항목
   (1) 시연로봇
   – 상설 시연 : 영어로봇 잉키(인간기능지능로봇사업단)
   – 특별 시연 : 가사도우미로봇 마루–M(실감교류로보틱스센터)
   (2) 전시로봇
   – 마루/아라 쇼케이스, 베이비봇, 바니, 미모트, 마루–M(실감교류로보틱스센터)
   – 센토, 메로, 잉키, 실벗(인간기능지능로봇사업단)

4. KIST 지원 사항

□ 전시/시연 로봇 이동 및 설치, 시연 지원

□ 로봇 설명자료, 관련 동영상 지원

5. 예산 및 계정

□ 예산 : 약 1,700만원(계정 : 과학문화활동비)

– 로봇 이동 차량 및 설치 · 철수비 : 450만원

– 시연 인력비(잉키 오퍼레이터, 시연진행 MC 등) : 900만원

– 시연 준비비(마네킨로봇 및 MC 의상비, 시연PDP 등) : 250만원

– 기타비용 : 100만원

6. 전시관 조감 시안

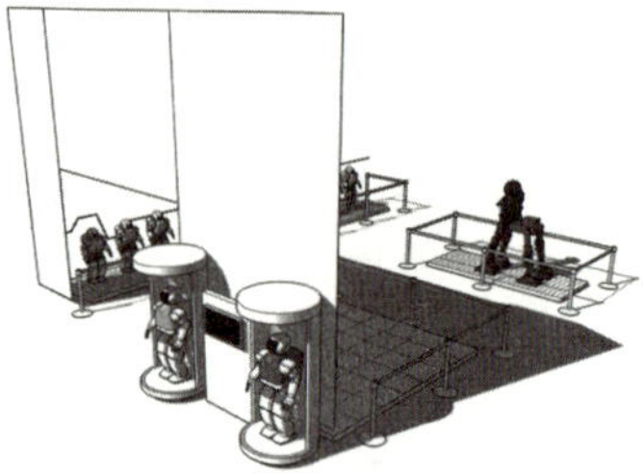

7. 'KIST 로봇전' 기획 이벤트의 보도 사례

□ 어린이를 위한 테마전시, '로봇, 박물관에 가다' … YTN 2011. 12. 26

□ 서울역사박물관 '로봇, 박물관에 가다' 展 … 한국일보 2011. 12. 26

□ '로봇, 박물관에 가다' 전시회 … 디지털타임즈 2011. 12. 26

□ 겨울방학, 어디 갈까 고민이라면.. 서울역사박물관으로 … 한국일보 2012. 1. 5

□ 서울역사박물관 '로봇, 박물관에 가다' 展 … 한국일보 2011. 12. 26

## 4. 행사별 구분

### (1) 보고대회, 평가대회

부처의 정책변화 내용을 내부적으로 공유하는 모임을 갖거나, 해당 관계자

들을 불러 정책을 설명하고 이에 대한 평가를 듣는 모임을 말한다. 정책을 공유하고, 그 방향성과 문제점을 진단하고 의견을 개진하는 워크숍 형태의 대회이다.

❖ 내부소통 프로세스

정책홍보를 실행하기 전 내부적인 공유가 선행되어야 한다. 여론조사 자료집, 공청회 자료, 자문단의 조언 등을 한눈에 알 수 있게 정리해 각 구성원과 관계자들이 내용을 공유한다. 보고대회는 조직 내부의 성과물을 발표하고 모범사례를 알아보는 자리이며, 평가대회는 정책의 문제점과 적용에 따른 오류를 점검하고 보완하는 작업을 하게 된다. 이런 내부 커뮤니케이션을 통해 정책홍보의 전략을 짜고, 안정된 정책관리 프로세스를 확보할 수 있다.

### (2) 기획이벤트

문화행사나 축제, 각종 공연, 전시회, 박람회 등이 기획이벤트에 든다. 규모가 큰 대외 행사일 경우, 언론 퍼블리시티를 고려한 철저한 사전준비가 필요하다. 보도 자료, 브리핑, 인터뷰 등으로 대상 미디어와 소통 채널을 확보하고, 취재지원에 대한 다양한 방법을 모색해야 한다. 현장 방문이나 투어형 이벤트도 여기에 포함된다.

❖ 이벤트 계획 수립을 위한 점검 사항

① 이벤트 초청

– 초청장 제작발송, 참석여부 확인, 특별손님의 경우 VIP룸과 의전행사 준비

② 행사장 준비

– 교통 안내판, 안내요원·스태프 배치, 제한·통제구역설정, 안전대책 수립(의료·안전팀 배치), 식음료 제공 계획 수립

③ 행사 프로그램

– 행사순서 · 프로그램 확정, 멀티슬라이드 · 비디오 등 영상물 준비, 연설문 작성, 초청연사 사전브리핑 리허설 실시

④ 언론홍보

– 초청대상자 선정, 프레스키트 및 보도 자료 준비, 현장취재 지원계획 수립, 보도 자료 배포 계획수립

– 보도결과 모니터 체계 구축

⑤ 기념품

– 기념품 선정 · 포장 · 배포방법 결정, 배포대상 및 수량, 지역사회기증 수량 결정

---

**참고 〈기획이벤트사례〉 이온빔 가속기 가동식 보도 자료**

News Release THE KIST, Making New History

- 날짜 : 2012년 2월 7일(목) 담당 : 김ㅇ수(email : kist2@kist.re.kr)
- 한국과학기술연구원 KIST 홍보팀/TEL. 958-6039/FAX. 958-6159
- www.kist.re.kr

---

행사 사진자료는 금일 15시에 송부해 드리겠습니다

**KIST, 6MV급 중대형 정전형 이온빔가속기 준공식 개최**

**– KIST, 6MV급 중대형 정전형 가속기 완공**
**– 고고학, 반도체, 신약개발 등 다양한 분야에서 폭넓게 사용 가능**

연대 측정 분야 뿐만 아니라 신약개발 등의 첨단 바이오 연구 및 재료 연구 분야에도 활용 가능한 6MV급 중대형 정전형 이온빔가속기 시설이 국내에 개소하였다.
한국과학기술연구원(KIST, 원장 문길주)은 7일(목) 오전 10시, 정부 관계자 및 국내외 학계 전문가 등 50여명이 참석한 가운데 성북구 하월곡동 본원내의 이온빔

가속기 연구동에서 이온빔가속기 시설의 준공식을 가지고 본격 가동에 들어갔다고 밝혔다.
〈후략〉

---

### (3) 홍보대사

대중적 인지도가 높은 스타나 예술 문화계의 명사를 홍보대사로 위촉해 관련 정책이나 행사를 대중에 널리 알리는 방법이다. 행사 참여 외에도 캠페인 광고에 등장시키거나, 정부가용 매체에 인터뷰를 실어 홍보에 활용할 수 있다.

### (4) 공모전

공모전은 사진, 광고, 수기 등 관련 분야의 성격이 다 다르며, 대학생, 일반인 등 대상자 선별도 가능하다. 해당 부서의 정책과 관련한 주제의 작품 공모를 언론에 노출시켜 홍보 효과를 누릴 수 있다. 상금이나 상품 등 혜택을 걸고 진행해 많은 대중의 참여를 유도한다. 공모전을 통해 해당 부서의 활동과 정책을 알릴 수 있으며, 정부가용매체에 수상작을 실어 이중의 홍보효과를 누릴 수 있다. 수기, 아이디어, 만화 공모 외에도 온라인을 활용한 UCC공모전도 인기를 끌고 있다.

---

**참고** **홍보 이벤트 공모전 기획안 예시**

## 제1회 KIST 학생발명 idea 공모전

1. 행사 목적
    - 미래 과학기술을 선도할 차세대 과학계 인재들의 과학기술 혁신에 대한 참신한 아이디어와 창의적이고 도전적인 시각을 발굴
    - 대내·외 고객에 대한 KIST 연구성과 홍보 및 지역주민과 함께하는 KIST 문화 조성

2. 행사 추진(안)

- **참여대상** : KIST 과학탐방 가족 및 지역(동대문구, 성북구) 초 · 중 · 고등학생
  ※ 고교생의 경우 과학고, 특성화고 포함
- **공모방법** : 소정 양식 제출(A4 2장 이내, 한글 파일로 작성)
  지정 양식을 www.kist.re.kr에서 다운로드 후 작성
  양식에 첨부한 이미지는 원본 파일(jpg)로 별도 제출
- **심사방법** : KIST 변리사(2명), 연구원(6명), 과학교사(3명) 심의
- **추진일정**

| 행사계획 | 세부내용 | 일정 |
|---|---|---|
| 공모공지 | • 외부<br>– 성북구/동대문구 교육청 공문발송<br>– 탐방 참여 초 · 중 · 고등학교 공문 발송<br>(고교생의 경우 과학고, 특성화고 포함)<br>• 내부<br>KIST 홈페이지, KISTory 블로그 | 10. 9~11. 8<br>(4주) |
| 마감/심사 | • 공모전 접수마감(~11. 8)<br>• 최우수상(1), 우수상(2), 장려상(3)<br>심사(11. 11~21) | 11. 11~11. 21<br>(2주) |
| 결과발표 | • 결과 발표(11. 22) | 11. 22 |
| 포스터전시/시상식 | • 포스터 제작(11. 25~12. 4)<br>• 포스터 전시(12. 5~12. 6, 국제협력 1층 로비)<br>• 시상식(12. 5), 우수 발명 지원 | 11. 22~12. 4<br>(2주) |

3. 세부 내용

- **공모주제** : 우리의 생활을 유익하게 만들어 낼 수 있는 모든 과학 아이디어
- **참가자격** : 초 · 중 · 고등학생 1인 또는 팀별(3인 이하) 1 idea 신청 가능
- **제출방법** : 이메일(000001@kist.re.kr) 접수
- **파일명** : 초등부_이름(예시)
- **작품규격** : 지정된 양식을 홈페이지에서 다운 받아(한글파일/hwp) 제출
  분량 A4용지 2페이지 이내(이미지 및 도표 제외, 텍스트 기준)
  신명조, 10포인트, 자간 0%, 줄간격 160%
  한글 파일에 첨부한 이미지는 원본 파일(jpg)로 별도 제출

• 접수기간 및 일정
  – 제출 마감 : 2013년 11월 8일(금) 18:00까지
  – 결과 발표 : 2013년 11월 22일(금) (예정)
  – 시상식: 2013년 12월 5일(목)
• 문의처 : KIST 문화경영팀
  – 전화문의(02–958–6165)/메일문의(000001@kist.re.kr)
• 수상내역 : 각 부문별 상금 및 상패 수여

| | 초등부 | 중등부 | 고등부 |
|---|---|---|---|
| 최우수상 1편 | 상금 50만원 | 상금 70만원 | 상금 100만원 |
| 우수상 2편 | 상금 30만원 | 상금 50만원 | 상금 70만원 |
| 장려상 3편 | 상금 20만원 | 상금 30만원 | 상금 50만원 |

※ 우수사례는 특허 출원 지원(지식재산권출원 및 등록비)

• 활용방안 : 수상작 전시
  – KIST R&D Expo 2013 '산 · 학 · 연 협력의 장' 전시
  (12월 5일/KIST 국제협력관 로비)

4. 소요예산 및 재원
• 소요예산 : 약 1,360만원
  – 수상작 상패 및 상금 : 약 1,000만원
  – 전시패널 제작 : 약 300만원
  – 심사비 : 60만원
• 재원 : 과학문화활동비

### (5) 기념행사

기념식, 시상식, 기공식 등이 있다. 기념식은 어떤 일을 기념하기 위한 공식적인 자리이며, 시상식은 공모전이나 각종 대회에 입상한 사람들에게 상을 수여하는 것으로 보통 행사의 마지막에 이뤄진다. 기공식은 토목공사나 건물을 새로 지을 때 하는 행사이다.

❖ **행사순서**

- 리셉션
- 공식행사
- 만찬 · 축하공연
- 환송 등

식순에 대한 세심한 준비와 참석자에 대한 배려가 필요하다. 중요한 행사들은 가급적 많은 언론에 노출될 수 있도록 보도 자료 작성 등에 신경을 써야 한다.

**Note 홍보이벤트 시 언론 준비**

- 주목할 만한 보도 자료 배포
  - 행사의 의미와 내용
  - 특징적인 사항과 보도되어야 할 충분한 이유 내포
  - 행사사진 등 보충자료 배포 안내
- 참석에 대한 정중한 초청과 기자배려 사항 안내
  - 초청의 글 전달
  - 기자단 배려 시간 및 프레스룸 운영 안내
  - 한국어 외 사용 시 통역지원 안내
  - 교통편, 주차 등에 대한 안내
- 관심 기자 별도연락
  - BT, 로봇, IT, ET 등 행사 분야에 따라 평소 관심 기자는 별도 연락 (* 홍보담당자는 기자의 관심사항을 평소 파악. 이런 노력으로 최소한의 보도 분량 채우는 노력)

### 참고 행사홍보를 위한 동정란의 활용

**한국경제** 2013년 10월 05일 29면 (인물)

**문길주 KIST원장, IUAPPA 신임회장 취임**

문길주 한국과학기술연구원(KIST) 원장(사진)이 3일 남아프리카공화국 케이프타운에서 열린 국제대기환경보전단체연합회(IUAPPA) 세계대회에서 IUAPPA 신임회장에 취임했다. 임기는 3년.

(6.2*3.7)cm

**전자신문** 2012년 07월 11일 24면 (인물)

**제3차 환경·인 포럼서 주제 발표**

**문길주 KIST 원장**

문길주 한국과학기술연구원(KIST) 원장은 11일 강남구 양재동 엘타워에서 열리는 2012년 제3차 환경·인 포럼에서 '우리는 변화하는 사회에 살고 있다'는 주제로 발표한다. 문 원장은 발표에서 지구온난화를 중심으로 한 기후변화를 사실로 받아들이고 과학기술을 통해 이를 극복할 것을 강조할 예정이다.

(8.2*5.5)cm

출처 : 한국경제, 29면(2013. 10. 5)/ 전자신문, 24면(2012. 7. 11)

## 5. 포럼/대담/심포지움 기획

### ❖ 포럼/대담/심포지움 기획의 목적

포럼(forum)은 공개토의라고도 한다. 전문가의 발표 시간은 10~20분 정도 주어진다. 포럼은 심포지엄과 함께 전문가와 일반 참여자가 구분되는 비대칭적 토의이다. 심포지엄이 전문가의 다양한 의견을 공개적으로 발표하는 데 비중을 둔다면, 포럼은 각자 다른 입장의 전문가가 공개적으로 자신의 의견을 옹호하고 상대의 의견을 비판하면서 논박하는 데 비중을 둔다. 포럼의 사회자는 전문가의 발언시간과 순서, 횟수를 조정하고 일반 참여자의 질문과 전문가를 연결시켜 토의 진행을 활발하게 만든다. 일반 참여자는 포럼의 진행을 지켜보면서 자신의 입장을 좀 더 명확하게 세울 수 있다. 포럼의 발표자가 전문적인 주장을 논리 있게 펴나갈수록 토의는 활기를 띤다.

이러한 행사는 특정이슈에 대해 사회적인 이슈를 만들기 위해 기획하는 경우가 많다. 창조경제에 대한 박근혜정부의 공약이 있은 후 정책연구소들은 너도나도 포럼을 개최하여 방향과 사회적 관심을 유도하였다. 이는 해당 정책연구소의 이슈 창출과 선도적 브랜드를 높이는 역할을 한다.

– 포럼/대담 기획의 목적

– 포럼/대담의 운영(행사홍보, 대담자 섭외, 대담진행, 기사화)

– 언론사와의 협조사항, 비용배분

❖ **행사의 운영**

1) 기본계획(목적, 주제, 참석자, 일시장소, 진행계획 등) 수립

2) 대담자 섭외

3) 협찬 및 후원 섭외, 언론 섭외

4) 참석자 안내

5) 보도 자료 배포

6) 행사진행

7) 후속조치

---

참고 **전문가 토론회 계획 사례**

## 구제역 관련 전문가 토론회 개최

□ 주최/주관 : KIST, 한국과학기자협회

□ 주제 : 가축매몰지 환경영향대책 마련을 위한 전문가 토론회

□ 참석자 : 관련 전문가, 과학담당기자, 관련 기관 등

□ 일시 및 장소 : 2011. 2. 15(화) 10:30~12:00, KIST 국제회의실

□ 세부 진행계획(안)

| 구분 | 내용 | 비고 |
|---|---|---|
| 개회 | 사회자 | 박방주(한국과학기자협회장) |
| 기조발언(5분) | 토론회 배경 및 목적 | 문길주(KIST 원장) |
| 발제(10분) | 가축 매몰로 예상되는 환경 피해 | 이석헌(KIST 물환경센터장) |

| | | |
|---|---|---|
| 주제발표<br>및 토론<br>(50분) | • 가축매몰지의 사후 관리 방안<br>• 가축매몰지 침출수 유출 및 병원성 미생물 제어 방안<br>• 가축매몰지 환경영향에 대한 대책 | 김건하(한남대 교수)<br>유승호(원자력연 선임연구원)<br>이승학(KIST 선임연구원)<br>정윤철(KIST 책임연구원)<br>전의찬(한국대기환경학회 회장)<br>오태광(미생물유전체사업단 단장) |
| 질의응답<br>(30분) | • 질의응답 | 사회자(박방주 한국과학기자협회장) |

※ 토론회 후 오찬(외빈관)

□ 고려 사항

- 농림부 등 정부부처와의 관계 고려 : 정부대책 비판 수위 조절 필요
- 구제역관련 기발표 자료 등 참고(별첨)

□ 추진 계획 : 2월 14일(월)

- 토론회 개최 계획 확정
- 보도 자료 배포(특히 공중파 참석을 위해 노력, 홍보실)
- 관계기관 연락
  - 농림부, 환경부, 교과부, 기재부, 청와대 등(기획예산팀)
  - 관련 지방자치단체 연락(총무복지팀, 강릉 · 전북분원)

□ 주제 발표 후보군

| 발표주제 | 발표자 |
|---|---|
| 가축매몰지의 사후관리방안 | ○○○(한남대 교수) |
| 가축매몰지 침출수 유출 평가기법 및 병원성 미생물 제어방안 | ○○○(원자력연 선임연구원) |
| 가축매몰지 환경영향에 대한 비상 대책 및 제어방안 | ○○○(KIST 선임연구원) |
| 바이러스 분야 | ○○○(미생물유전체사업단 단장) |
| 가출 매몰로 예상되는 환경 피해 | ○○○(KIST 물환경센터장) |

□ 첨부

1. 주제발표 후보군, 좌석배치도, 구제역관련 보도
2. 주제 발표 후보자 연락처

### 포럼/대담/심포지움 관련 홍보담당자의 언론대응

- 보도 자료 배포
  - 행사의 의미와 내용
    (특징적인 사항과 보도되어야 할 충분한 이유 내포)
  - 참석분야 최고 권위자의 인터뷰 내용 등 포함
  - 행사사진 등 보충자료 배포 안내
  - 주요발표자 이력, 발표개요를 별첨
- 행사 참가 기자에 대한 이해 배려
  - 행사참석 안내, 행사관련 적극적이고 충분한 설명
    (필요시 주최 측 면담 주선)
  - 행사접수 및 배석 등 지원, 관련자료 책자 미리 제공
  - 해당분야 권위 있는 전문가 인터뷰 연계
  - 스트레이트 기사나 기획형 취재기사 등 목적별 자료제공과 배려
  - 기사작성을 위한 후속 지원과 지속적 관심

---

### 이야기 窓 홍보 담당자의 말

"발표자 및 토론자에 대한 예우에 신경 써야합니다. 행사취지와 방향에 대한 충분한 교감은 물론이고 교통편 등 세심한 배려로 각별히 섭섭하지 않도록 해야합니다. 지방일 경우는 숙소배정이나 교통편 배차에 대한 신경도 써야합니다. 특히 바쁘시고 명망있는 분을 초청해놓고 예우를 신경쓰지 않으면 홍보에 역효과를 낼 수도 있습니다.

## 참고 토론회 보도자료와 언론 보도

**News Release** THE KIST, Making New History

날짜 : 2011 2월14일(월) 담당 : 원○환 (KIST1@kist.re.kr)
한국과학기술연구원 KIST 홍보실/TEL. 958-6039/FAX. 958-6159
www.kist.re.kr

**구제역 2차 피해 대책 마련 나선다**

**- KIST, 과학기자협회 전문가 토론회 공동 개최**

한국과학기술연구원(KIS
시 30분부터 서울 하월곡동
향 대책 마련을 위한 전문가

KIST, 과학기자협회가
빙기에 예상되는 가축매몰
그 대책을 마련하기 위해 

토론회에는 전의찬 한국
사업단장, 정윤철 KIST 
련 분야 전문가들이 참석해

첨 부 : 토론회 계획(안)

○ 문의 : KIST 문화홍보실(

중앙일보 — 2011년 02월 10일 33면 (오피니언)

# 구제역 현장에 전문가 모으자

시론
문길주
KIST 원장

구제역과 관련, 전국 4000여 곳의 살처분 가축 매몰지가 앞으로 심각한 환경오염원으로 작용할 것이란 가능성이 제기되고 있다. 그동안의 구제역 피해가 축산농가를 중심으로 한 특정 분야의 피해였다면, 이제는 우리가 먹는 물과 환경 등을 중심으로 지역사회 전체에 광범위한 피해가 예상된다는 점에서 그 심각성과 혼란은 더 클 수도 있을 것이다.

구제역으로 살처분된 가축 매몰지에서 생길 수 있는 피해 중 대표적인 것이 매몰지의 침출수가 지하수나 인근 하천으로 스며들어 수질을 오염시키는 것이다. 매몰

전문가, 바이러스 전문가 등이 한데 모여 구제역 피해가 가축뿐 아니라 우리 생활과 환경에 미칠 피해를 최소화할 대책을 마련해야 한다.

당장 침출수가 흘러나오는 곳은 지반 환경 전문가가 나서 차단벽을 치는 일부터 매몰지의 안정성을 평가한 후 보강하고 심각한 붕괴 위험이 있는 곳은 사체를 재수거해 소각하는 등 각각의 상황별로 피해 확산 방지 기술을 모두 동원하고 이 대응법을 전국에 확산시켜야 한다. 지금 상황은 한두 명의 전문가가 해결할 수 있는 수준이 아니다. 각 분야 과학자들을

출처 : 중앙일보, 33면(2011. 2. 10)

# 제9장
# 디지털 홍보

연구기관이 추진하는 사업들은 많은 비용이 소요되기 때문에 외부의 시선이나 비판으로부터 자유롭지 못하다. 게다가 특히 연구개발 분야는 투자에 대한 성과를 보증할 수 없기 때문에 항상 논란이 될 수밖에 없다. 기업이 투자자를 설득하는 것처럼 기관은 납세자에 대한 지속적이고 원활한 커뮤니케이션을 통해 투자에 대한 동의를 얻고 정당성을 확보하는 것이 중요하다.

대중매체를 통한 대중과의 소통은 대부분의 기업과 기관이 선호하는 매체일 것이다. 많은 사람들과 소통할 수 있고 기관의 연구 성과나 추진사업을 기자를 통해 복잡한 용어를 쉽게 대중들에게 이해시킬 수 있고 객관성을 보증할 수 있기 때문에 매력적이다. 하지만 대중매체는 기업이나 기관이 원하는 대로, 원할 때마다 대중들에게 노출을 보장할 수 없기 때문에 인터넷에 기반을 둔 뉴미디어의 등장과 활용이 주목받고 있다. 국내 초고속 인터넷 보급률은 OECD가입 국가 중에서 1위일 정도로 대부분의 국민이 인터넷에 접근이 가능하다. 중개매체를 거치지 않고 직접 대중과 소통하기 때문에 정보의 양이나 내용을 조절할 수 있고 정보의 왜곡으로부터 자유롭다. 9장에서는 앞서 언급한 특징들을 활용한 디지털 홍보에 대해서 소개할 것이다. 디지털 홍보를 대표할 수 있는 웹사이트를 비롯해 블로그, UCC, 웹툰 등의 다양한 매체활용을 이해하고 응용할 수 있도록 해야 한다.

# 1. 디지털 홍보란?

디지털 홍보란 인터넷, PC, 휴대폰 등 첨단 디지털 기기와 정보기술을 활용하는 커뮤니케이션 활동을 총칭한다. 쌍방향 커뮤니케이션이 가능하고 비용이 적게 들며, 시공간의 제약이 없다는 특징이 있다. 이와 관련한 기술과 방법들이 끊임없이 발전하기 때문에 지속적인 모니터링을 통해 새로운 기술과 방법들을 찾아 적용하도록 해야 한다.

# 2. 디지털 홍보의 종류와 활용

## (1) 온라인 홍보

### ❖ 웹사이트

웹사이트는 가장 흔하고 효과적인 온라인 홍보 방법 중 하나이다. 현재의 공중뿐만 아니라 잠재적인 공중에게도 기관의 자세한 최신의 정보를 제공할 수 있다는 점에서 매력적인 방법이다. 인터넷을 기반으로 하기 때문에 갖는 웹사이트의 양방향성은 공중과 소통할 수 있는 기관이 직접 운영할 수 있는 매체이다. 다만, 다음의 설명을 통해 웹사이트를 운영함에 있어서 홍보담당자가 고려해야할 것들에 대해 소개한다.

① 정보 이용 고객에 맞는 컨텐츠 운영

기관의 웹사이트를 운영함에 있어 많은 관리자들이 실수를 범한다. 정보를 공급하는 입장인 홍보담당자는 기관의 성과를 정보소비자에게 알리려하는 입장이기 때문에 많은 내용을 실으려 한다. 그러다보니 중요하지 않은 정보 혹은, 홈페이지를 들어오는 일반인들이 이해할 수 없는 전문적인 용어를 써놓는 경우가 많다.

첫째, 정보를 이용하고 소비하는 일반인의 입장이 아닌, 기관의 입장에서만 제작 · 운영되고 있다는 점이다. 종종 기관 웹사이트에 내부 연구부서의 세

미나 안내를 띄워놓는 경우가 있다. 일반인들은 그 내용을 잘 알 수도 없으며 접근가능성도 낮은 전문가를 위한 정보일 뿐이다. 정보를 전달받는 일반인의 관점에서 제작되어야 한다.

둘째, 웹사이트 방문자의 분석이 부족하고 그에 맞는 구성이 부족하다. 방문자들이 누구이고, 왜 방문하며 어떤 자료를 원하는지, 어떻게 그들의 욕구를 채워줄 수 있는지에 대한 기본적인 이해가 필요하다. 웹사이트의 구상과 설계단계에서부터 이러한 점들을 고려해야한다. 이는 앞서 말한바와 같이 정보의 소비자 관점에서 제작되고 운영되어야 한다는 것이다.

셋째, 방문자의 접근성이 떨어지게 구성한다는 점이다. 방문자가 자주 찾는 정보일수록 눈에 잘 띄는 위치에 배치해야 한다. 종종 인사말이나 기관에 대한 소개를 메인에 놓는 경우가 있는데, 철저하게 소비자의 관점을 배재한 것이므로 이러한 운영은 지양해야 한다.

결국 세 가지 모두 소비자의 관점을 강조한 것이다. 소비자에 대한 이해가 선행되고 그에 맞는 구성과 운영을 해야 한다.

② 웹사이트의 최신성 유지

예산을 들여 웹사이트를 구성하고 만들어 놓았음에도 불구하고 일 년 내내 업데이트를 하지 않는 곳이 적지 않다. 많은 내용 중에서도 공지사항이나 게시판만 이용하는 경우도 있고, 그마저도 기능을 하지 못하는 홈페이지도 상당수가 있다. 네티즌들은 웹사이트를 방문했을 때 지속적으로 새롭고 유용한 정보를 제공받을 수 있다고 판단했을 때 웹사이트를 방문한다. 그렇다면 기관의 홈페이지에 어떠한 내용을 지속적으로 제공할 수 있을지에 대한 물음과 고민을 해결해야한다.

③ 홈페이지 선도적 운영 방안

앞에서 기존 연구기관 홈페이지의 제한점들을 지적하면서, 크게 두 가지의 방향을 제시하였다.

첫째, 정보소비자 관점의 견지와 둘째, 새로운 정보의 제공 및 역동적 변화이다. 이 두 가지는 별개의 것이라기보다 서로 긴밀하게 연결되어 있다. 지난 9월 미국 뉴올리언스 지역은 허리케인 '카트리나'로 인해 엄청난 피해를 입었다. 당시 NASA의 홈페이지는 평소와는 전혀 다르게 구성되어 있었다. 기존의 첫 화면이 열리기 전에, 검은 바탕에 카트리나의 위성사진 사진 한 장만이 나타났다(〈그림 9-1〉 참조). 사진 옆으로는 비상사태에 대한 정보, 허리케인에 대한 정보, 희생자를 위해 기부하기 등의 제목들이 제시되어 있었다. 이 페이지 하단의 '건너뛰기(skip)'를 클릭해야 본래의 NASA 홈페이지로 들어갈 수 있도록 되어 있었다. 〈그림 9-1〉은 카트리나의 상륙으로 인한 피해발생 당시의 홈페이지이고, 〈그림 9-2〉는 며칠 후 본래의 화면구성으로 평상시 화면으로 돌아간 NASA의 홈페이지다.

---

**참고 유동적인 홈페이지 운영방안 예시**

**그림 9-1.** 허리케인 카트리나 피해 당시 NASA 홈페이지의 첫 화면

---

출처 : NASA 홈페이지

NASA의 '카트리나 홈페이지'는 앞서 필자가 제시한 홈페이지 홍보의 제한점들이 현실적으로 어떻게 극복될 수 있는지를 잘 보여준다. 카트리나로 인한 피해는 미국민 모두의 관심사였다. 그러한 일반국민들의 첨예한 관심사를 연구기관의 활동이나 성과와 연결시킨다면, 관심을 끌어내는데 대단히 유용할

것이다. 미국 남동부해안에 상륙한 허리케인을 선명하게 잡은 위성사진 한 장은 방문자들에게 강한 인상을 남길 것이다. NASA가 수행하는 프로젝트들의 중요성과 필요성에 대한 몇 시간의 강의 이상으로 강력한 메시지를 전달할 수 있을 것이다. 다시 말해, 연구기관의 홈페이지는 해당 기관이 전달하고 싶은 정보를 나열하는 식으로 구성되어서는 곤란하다. 주요 방문자인 일반인들이 어떤 걱정을 하고 있으며, 무엇에 관심이 있는가를 찾아내서 그것에 연구활동과 성과를 연결시키려는 노력이 필요하다. 아무리 훌륭한 연구성과이고 중요한 정보라고 하더라도, 인간은 자신의 걱정거리 내지 관심거리와 연결되지 않는다면 주목하지 않는다. 불필요한 정보이고 쓰레기일 뿐이기 때문이다. 이러한 '연결짓기'가 순조롭게 이루어진다면, 연구기관의 홈페이지가 변화 없이 고정되어 있을 수 없다. 개인의, 사회의 관심사와 문젯거리는 늘 변화하기 때문이다. 다시 말해, 앞에서 지적한 두 가지 제한점들을 동시에 극복하게 되는 것이다.

**참고** **평상시의 홈페이지 운영**

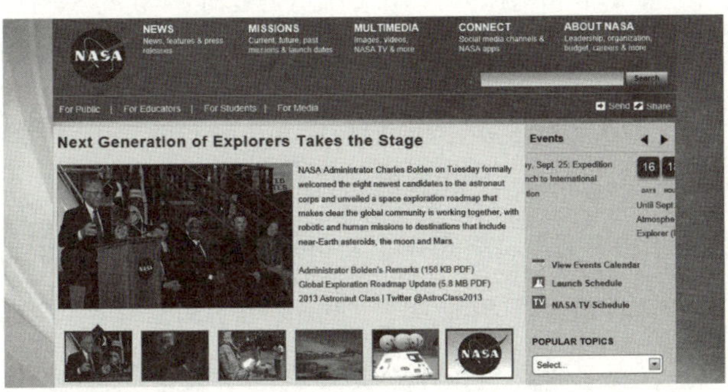


**그림 9-2.** 본래의 화면구성으로 돌아간 NASA 홈페이지의 첫 화면

출처 : NASA 홈페이지

그러나 이러한 변화들 또한 홈페이지를 의도적으로 찾아가는 방문자들에게만 주목될 것이다. 따라서 홈페이지가 보다 많은 사람들에게 노출되도록 하

는 방안이 필요하다. 그 가운데 하나가 각 연구기관의 홈페이지를 세부 과학기술 분야의 포털을 지향하는 것이다. 예컨대, 원자력연구소 홈페이지는 원자력과 관련된 어떤 정보든지 구할 수 있는 사이트가 되도록 하는 것이다. 곧, 한국의 원자력 포털을 지향하는 것이다. 학생들은 관련 과제를 위해 홈페이지를 찾고, 교사들은 학생들을 가르치기 위해, 기자들은 관련 기사를 쓰기 위해, 연구자들은 최신의 연구동향을 파악하기 위해 연구소의 홈페이지를 방문하도록 만들자는 것이다. 각 대상에 따라 다르게 구성된 홈페이지를 선택하여 들어가도록 구성할 수도 있을 것이다. 실제로 연구기관만이 이처럼 개별 과학기술 분야의 포털사이트를 구축할 수 있다. 전 세계 최신의 연구동향을 비롯한 정보가 집약되고 실제 연구가 진행 중일 뿐 아니라, 전문 연구자들을 자체 인력으로 보유하고 있기 때문이다. 사이언스올닷컴과 같은 종합과학포털 사이트는 전문 연구자들을 중개해 정보를 제공하게 된다. 과학 세부분야에 대한 전문지식과 최신의 정보들은 개별 연구기관에 비해 깊이나 속도에서 차이가 날 수밖에 없다. 그렇다면 이러한 종합과학포털과 각 과학 분야의 포털화한 연구기관의 홈페이지는 자연스럽게 대상층과 기능에서 구분될 수 있을 것이다. 온라인매체의 보급과 함께, 공공 연구기관들이 마땅히 했어야 될 일이었다. 그런데, 이를 위해서는 중요한 전제조건이 있다. 예산과 전문 인력을 확보하는 것이다. 지금처럼 1~2명의 행정원이 다른 업무에 부수하여 담당하는 방식으로는 절대 불가능하다. 인터넷 홈페이지를 비롯한 홍보업무 담당자는 기관의 연구자만큼이나 전문직으로서의 '과학커뮤니케이터'이어야 한다. 이러한 전문 인력의 육성과 확보를 위해 최근 대학에 개설되고 있는 과학커뮤니케이션 분야의 전문 프로그램을 활용하는 것도 좋은 방법일 것이다.

④ 사이버 이벤트

해당기관의 사이트를 알리고 방문자 수를 늘리기 위한 사이트 홍보 방법으로 이벤트의 목적과 사이트의 성격에 맞는 요소를 선정해야 한다. 이벤트의 종류로는 퀴즈, 정보검색대회, 설문 및 호응도 파악 이벤트 등이 있다. 이벤트

**그림 9-3.** 기관 홈페이지 이벤트 팝업 화면 예시

는 단기간에 새로운 고객 정보를 얻는 유용한 방법으로, 이벤트 종료 후 참여자 정보를 DB로 만들어 각종 정책정보 제공 타깃으로 활용하는 사후관리가 필요하다. 이벤트 실시가 단기성 홍보효과를 도모하는 반면, 참여자 사후관리는 장기적 관점의 홍보를 도모한다.

### Note 웹사이트를 이용한 PR활동 전략

웹사이트의 운영 방식이나 전략에 대해 살펴보고 PR활동에 있어 홍보대상자와의 관계는 더욱 밀접해지고 중요해지고 있는 최근의 추세를 고려하자면 기관을 대표할 수 있는 바람직한 홈페이지 운영 전략 방향에 대해 설명한다. 기관의 특성이나 예산에 따라 웹사이트의 활용여부 및 정도를 수립해야 한다.

① 최소한의 도구로써의 웹사이트 전략

– 개인이 조직에 소속하게 되어 명함을 갖게 되는 것과 비슷한 맥락이다. 마찬가지로 기관이 인터넷 상에서 주소를 가지고 기관에 대한 최소한의 정보를 제공하는 정도의 도구적인 역할이다. 경쟁 기관들이 인터넷 상에서 존재감을 드러내고 있으니 '구색맞추기식'의 웹사이트 운영 전략이다. 주로 기관에 대한 정보, 기관

의 전자 메일 주소, 전화번호 정도를 포함하고 있는 것이 대부분이다.

② 단순 정보 제공을 목적으로 한 웹사이트 전략

- 웹사이트를 통한 PR활동의 대표적인 기능은 PR공중에게 기관의 정보나 이미지를 제공할 수 있다는 점이다. 이는 기관의 연구성과나 이벤트, 발명품 등에 대한 정보를 대외적으로 전할 수 있는 통로이자 유용한 도구로 보는 전략이다. 인터넷은 세계 도처에서 이용할 수 있는 장점이 있기 때문에 가능하면 많은 이들에게 정보를 전달하고 배포하는 것을 중요시한다. 이러한 전략을 운영하기 위해서는 빈번한 업데이트와 세련된 이미지 제공, 정기적인 관리가 이루어질 수 있도록 세심한 노력이 필요하다.

③ 양방향적 관계 형성을 위한 웹사이트 전략

- 웹사이트는 인터넷이라는 양방향성을 갖고 있는 매체를 기반에 두었다. 관계 형성을 염두에 둔 웹사이트 전략은 현재의 공중뿐만 아니라 잠재적인 공중까지 고려한 것이다. 기관이 공중에게 일방적으로 정보를 전달하던 방식에서 발전하여 공중의 목적에 따라 정보를 이용할 수 있게 운영하는 것이 특징이다. 인터넷은 신속하게 대응할 수 있고 맞춤형 정보를 전달할 수 있는 기술력이 있기 때문에 기존의 기업들이 사용해오던 관계 형성적 마케팅 전략에 시너지를 더할 수 있다.

---

❖ P-CRM

PCRM(Policy Customer Relationship Management)은 정책고객 관리시스템으로, 선별된 정책고객 또는 특정 고객집단(예 : 동문, 위탁연구계약 기업인 등)에 대해 능동적 양방향 행정정보 제공서비스로서 정책참여를 보장하고 고객맞춤형 정보서비스를 제공하는 소프트웨어 프로그램이다.

- 해당부서 역할 : 발송하고자 하는 정책 및 정보의 내용, 시기, 대상 등에 대해 홍보부서와 사전 협의 후 발송방식 결정(통상 보도 자료 활용). 단, 주기적이거나 대량 발송 시 해당부서 직접제작 입력
- 홍보부서의 역할 : 1회성 발송의 경우 입력 및 발송 대행

❖ 블로그

블로그(blog)란 개인이 칼럼, 일기, 기사 등을 올려 여론을 형성하는 온라인 뉴스 사이트다. 행정기관의 블로그는 일반 국민이 관련 정보를 검색할 때 정확하고 공신력 있는 정보를 제공하는 역할을 한다. 또한 공식 사이트가 아니라는 점에서 정서적으로 편하고 가깝게 다가갈 수 있는 장점이 있다.

- 해당부서의 역할 : 콘텐츠 주제 및 자료(보도 자료, 브로슈어 등) 선정 ⇨ 블로그 담당자 협의 및 전달
- 홍보부서의 역할 : 해당부서로부터 자료내용 접수 ⇨ 각색 ⇨ 포스팅(블로그 기자단 등 활용)

❖ UCC

UCC(User Created Contents)는 개인이 직접 콘텐츠를 제작한다는 뜻으로, 최

**그림 9-4.** 기관홍보 관련 블로그 포스팅 예시

근에는 동영상 위주의 정보제공 콘텐츠를 의미한다. UCC홍보는 디지털캠코더나 핸드폰 영상으로 촬영한 영상을 편집해 블로그나 동영상 포털 사이트에 올려 홍보하는 방식이다. 편집프로그램은 포털사이트에서 무료로 내려 받을 수 있다.

참고 **KIBO SHOW UCC 동영상**

### ❖ 웹툰

참고 **웹툰을 활용한 블로그 포스팅**

웹툰(Webtoon)은 인터넷용 만화로 온라인 공간이면 어디에나 실을 수 있다. 만화라는 형식이 주는 흥미와 재미로 네티즌의 호응이 매우 좋은 편이다. 개인 웹사이트, 블로그, 포털사이트 등을 통해 유포가 가능하고, 만화의 특성상 어려운 내용을 그림으로 쉽게 이해할 수 있다는 점에서도 활용도가 높다.

### 2) 뉴미디어 홍보

뉴미디어(New Media)는 두 가지 개념으로 파악되는데 하나는 신문, 잡지, 라디오, TV 등 기존의 미디어를 제외하고 전자기술이 발전하면서 새롭게 등장한 정보교환과 통신수단으로서 대중매체를 지배하는 미디어를 뜻한다.

또 다른 하나는 현재까지 독자적으로 각각의 기능을 발휘했던 기존의 매체가 다른 기존 매체나 그 매체의 특징적 기술의 일부 또는 아주 새로운 기술과 결합하여 개별 미디어 서로의 경계 영역에 등장하여 보다 편리하고 진보된 새로운 기능과 실용성을 갖춘 미디어를 뜻한다. 뉴미디어는 TV 수상기를 중심으로 컴퓨터 · 전화 · 위성 · 광섬유 등과 결합하면서 디지털화(digitalization), 미디어의 종합화(integration), 정보의 양 증가, 채널수 증가, 광역화, 고속화, 쌍방향성(interactivity), 탈대중화, 비동시성(asynchronism), 영상화(visualization) 등의 특징을 지니게 되었다.

#### ❖ SNS(Social Network Service) 등 소셜미디어

뉴미디어 홍보란 인터넷을 기반으로 한 다양한 매체를 활용한 홍보 방법이다. 최근 스마트폰의 확산으로 인한 모바일 커뮤니케이션, 트위터로 대표되는 SNS(Social Network Service) 등 소셜미디어의 활용 뿐 아니라 앞서 소개된 디지털 홍보 수단과의 연계를 통한 시너지 창출을 지향한다.

매체환경의 급격한 변화 속에서 대중과 긴밀한 소통이 필수 과제로 떠오르면서 뉴미디어 홍보가 주목을 받기 시작했다.

뉴미디어 홍보는 실시간 정책홍보 및 언론대응이 필요한 사안에 대한 선별적 커뮤니케이션이 가능하며, 트위터나 미투데이 등의 소셜미디어를 통해서 기관장이나 기관의 친근성과 신뢰도를 강화시킬 수 있다. 또한 추진 중인 정책이나 공개 가능한 성과정보를 블로그를 통해 포스팅하고, 이를 소셜미디어를 통해 신속하게 전달할 수 있다. 또한 최근 스마트폰 앱으로 개발하여 응용프로그램 수준의 다양한 정보에 대한 체계적 홍보가 가능해 졌다.

참고 **KIST 공식 트위터 화면**

제10장

# 해외홍보

## 1. 외신의 이해

해외홍보의 핵심에는 외신의 활용이 있다. 주요 정책의 경우에는 국내 언론 뿐 아니라 외신 브리핑 등을 통해 해외홍보가 함께 이루어지도록 해야 한다. 홍보란 위기 때에 더욱 진가를 발휘하지만 평상시에 꾸준한 관리가 있어줘야 비상시에 효과적인 홍보를 할 수 있다. 그러한 관점에서 외신관리도 일맥상통한다. 기관에서도 글로벌기업과 같이 외신 공보 담당자를 두어 나름의 지식과 경험을 축적하는 것이 가장 이상적이다. 만약 그렇게 하지 못한다면 홍보/공보를 맡고 있는 담당자를 통해 일정한 관리를 해주는 것이 필요하다. 외신과 꾸준한 공보활동을 유지하기 위해서는 외신에 대한 이해가 필요하다. 외신이라는 특수성 때문에 국내 언론과의 관계에서 주의해야할 점이 있다.

첫째, 한국은 초고속 인터넷망이 매우 잘 보급되어있기 때문에 국내 언론에 알려진 내용은 외신에게도 즉각적으로 알려지기 때문에 사실을 은폐할 수 없다는 점을 인식해야한다. 그렇기 때문에 외신과 내신과의 차별은 무의미하고 외신의 브리핑이나 간담회 참가에 제한을 두는 것은 구시대적인 발상이다. 반대로 외신에 지나친 친절이나 특혜를 주는 것도 안 된다.

둘째, 외신은 국내의 여론과는 다른 관점을 취할 수 있는 경우가 많다. 국내의 입장보다 좀 더 객관적으로 바라볼 수 있기 때문에 이러한 차이가 생긴다. 이러한 경우에는 외신에 기고문을 통해 입장을 분명히 밝히는 것이 유효하다. 기관의 외신담당자 혹은 홍보담당자라면 기관과 조직의 입장을 분명히 한 기고문을 외신에 보내는 것이 필요하다. 이것이 효과적이고 능동적인 외신의 활용이다.

### (1) 국내 주재 외신 현황

현재 서울외신기자 클럽에 등록되어 있는 외신기자의 숫자는 사진기자, 방송요원까지 포함해 250명이 넘는다. 이들은 약 15개국 90여개 해외 매체를 위해 일하고 있다. 250여 명 중 외국인은 약 60명 정도이고 나머지는 한국인으로 대개 이중 언어 구사가 가능하다. 외국인은 영미인 20여명, 일본인 30여명, 중국인 10여명이다. 일본인과 중국인은 대개 한국어 구사가 능숙하지만 영미인의 경우는 주로 영어를 사용한다.

### (2) 주요 외신의 취재 형태

대부분의 외신은 기자 수가 많지 않아 부처별로 출입하는 전담기자를 따로 두고 있지 않다. 사무실에서 근무하며 국내 방송이나 신문을 모니터링 하여 기초적인 정보를 취득하고 이를 바탕으로 추가 취재를 한다. 단신의 경우는 주로 전화나 이메일을 이용해 취재를 하고, 장문의 기획기사인 경우는 현장 취재나 인터뷰를 통해서 기사를 작성한다. 서울 외신기자 클럽에서 개최되는 정기 기자회견에 참석하거나 주요 부처의 정례 브리핑을 통해 취재를 하는 경우도 많다.

#### ❖ 서울외신기자클럽

서울외신기자클럽(SFCC, www.sfcc.or.kr)은 외신기자들의 권익보호와 상호 유대강화, 그리고 한국 언론인과 정부 홍보 관계자들과의 친교 증진을 목적으로 1956년에 창립된 사단법인이다. SFCC에는 외신기자 외에도, 외교관, 기업인, 정부 고위관계자도 일부 회원으로 가입하고 있다. 외국에서 발행하는 신문잡지통신 및 방송의 취재기자나 사진기자로서 한국에 상주하는 외국인 기자와 한국 언론기관 기자 등이 정회원이 될 수 있으며, 외국정부와 사회봉사단체에 소속된 홍보요원 등이 준회원으로 가입할 수 있다.

## 2. 외신의 활용

### (1) 활용방법

외신을 활용한 홍보는 국내 언론사와 동일한 방법으로 진행하면 된다. 다만, 그것이 외신만을 위한 것이라면 사전에 충분한 준비가 필요하다. 불필요한 오해가 없도록 정확한 용어를 사용하고 가급적이면 영문 보도 자료를 따로 준비하는 것이 좋다.

- 사소한 단어라도 번역시 오해가 없도록 표준어로 정확하게 사용해야 한다.
- 사실 위주로 구성하고 최초 · 최대 같은 형용어구는 주의해서 사용하는 것이 좋다.
- 외신 기자들은 한글 영문 보도 자료를 같이 배포하는 것을 선호한다.
- 문서화하거나 이미 정해진 사실만 전달해 기사로서의 가치가 있게 한다.
- 외신의 경우 정정보도는 거의 불가능하므로 취재과정부터 정확한 정보와 충분한 자료를 제공하는 것이 좋다.
- 보도 자료는 매체별로 보내기보다 기자에게 개별적으로 보내야 효과가 있다.

### (2) 기사오류 대응법

외신기자들이 취재하는 과정에 정확한 자료를 충분히 공급해 올바른 기사가 나올 수 있도록 돕는 것이 가장 중요하다. 배포된 기사에 오류가 있으면 바로잡는 노력을 해야겠지만, 기사의 관점이 마음에 들지 않는다고 반박하는 것은 의미가 없다. 같은 사안이라도 외국 언론은 한국 언론과는 다른 관점을 취할 때가 많기 때문이다. 보통 외국 언론은 한국의 사례를 객관적으로 바라보는 편이지만, 한국 내에서 활동하는 외신기자들의 기사를 통해 주관적인 관점이 반영될 수도 있다. 이렇게 관점이 다를 때는 외신에 기고문을 실어 한국의 입장을 전하는 것이 효과적이다. 외신은 이런 점에서 생각보다 훨씬 협조적이다.

---

**참고** **외신기자클럽 홈페이지**

---

## 3. 해외홍보 대행사 활용

### (1) 홍보대행사 활용

뉴스와이어(News wire)와 같은 국내 보도 자료 통신사의 경우 해외에 있는 글로벌 보도 자료 통신사와 제휴하여 세계적 미디어에 배포로 하는 서비스를 하고 있다. 전 세계 3,000여개가 넘는 매체(AP, Yahoo, New York Times, Google News, Dow Jones 등)에 뉴스를 제공하고 있다. 영문 보도 자료 배포 서비스도 글자 수와 배포처 등을 패키지화한 서비스 상품을 만들어 운영하고 있다. 스탠다드 상품으로 제공하는 서비스는 미국, 영국 등 영어권 국가에 주로 배포하며 Yahoo.com 뉴스, AP 뉴스에도 게재하고 있다. 보도 자료 전문가 번역 등의 서비스는 별도의 비용을 부과하는 것이 일반적이다.

### (2) 해외 과학홍보 대행 사이트 활용

EurekAlert와 같은 과학홍보 대행기관은 AAAS(Science 저널 발행사)에서 운영하는 온라인, 글로벌 뉴스 서비스 사이트로서 대학, 언론사, 정부, 연구소 등의 미디어에 배포하며 과학 관련 뉴스 웹에 게재(일반인 및 기자 대상)하는 서비스를 해주고 있다. 배포처는 회원으로 있는 9,500명 기자단(미국 3,300명)에 키워드 설정 후 관련 키워드를 요청한 기자에게 이메일 송부하는 방식으로 이루어진다. 연회비등을 받고 운영하고 있다. 다만 기관에서 이러한 서비스를 활용하기 위해서는 전담인력이 필요하며 담당자는 영문 보도 자료 작성 및 해외 기자에 대한 대응 등의 업무를 담당한다. 대행기관에서도 물론 추가비용을 지불할 경우 번역 및 검수 등의 서비스를 해주기도 한다.

---

**참고 해외 과학 관련 뉴스 사이트**

- The Why Files(whyfiles.news.wisc.edu)
  - 뉴스 뒤에 숨어 있는 과학을 중계하는 "The Why Files"는 복제 및 학교 폭력과 같은 다양하고 시사적인 주제들을 아주 명쾌하게 다룸.

- The Integrated Science Newswire (www.artigen.com/newswire/scitech.html)
  - 다양한 뉴스 매체에서 하루 종일 쏟아져 나오는 과학 관련 소식들을 제공

• Planet Science(www.newscientist.com)
– 유명한 영국의 과학 주간지인 "뉴사이언티스트"의 다양한 주제에서 선별한 뉴스와 특집 기사

• EurekAlert : Global Gateway to Science, Medicine, and Technology News(www.eurekalert.org)
– 미국 과학 발전 협회가 만든 이 사이트는 많은 저명한 연구소들에서 나오는 뉴스를 게시

• Science Daily(www.sciencedaily.com)
– 최신 과학 뉴스를 매일 전해 주는 곳. "물질과 에너지"와 같은 주제별로 기사들을 쉽게 검색할 수 있고 관련 사이트 소개 등이 특징

• Flash(http://pao.gsfc.nasa.gov/gsfc/newsroom/flash/flash.htm)
– 우주를 사랑하는 사람들이면 꼭 들러보아야 할 곳. 자주 새롭게 보완되는 나사의 뉴스와 그림 자료들로 가득 참.

• Sounds Like Science(www.npr.org/programs/science)
– 국립 공영 라디오 방송. 과학 뉴스 보도

---

참고 **BBC World News 보도화면(생분해성 뼈고정나사, 2014. 11)**

연구기관의
언론홍보
전략

# 제3부
## 방송 및 발행매체 활용한 홍보

## 제11장
# 방송을 활용한 홍보

## 1. 방송사의 구조

방송사에서는 신문사의 편집국에 해당하는 보도국이 뉴스프로그램을 담당한다. 정치부, 경제부, 사회부, 문화부 등 취재 분야에 따라 부서를 나누고 뉴스 프로그램에 방송할 스트레이트 뉴스나 기획뉴스 등을 취재하고 제작한다.

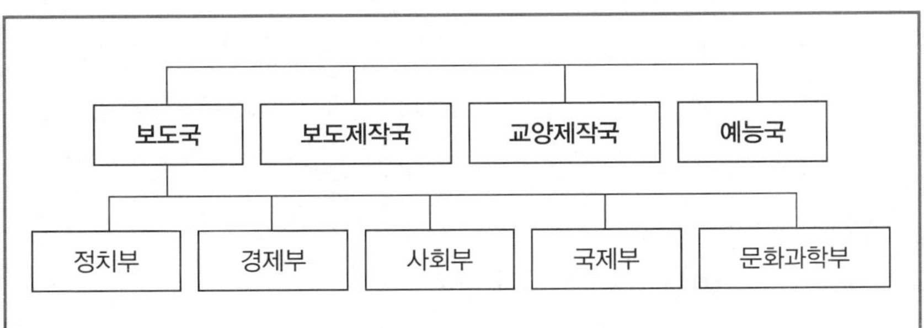


**그림 11–1.** 방송사의 구조

주요 방송사는 보도국과 독립된 보도프로그램을 기획하고 제작하는 보도제작국을 별도로 두고 있다. 〈100분 토론〉, 〈시사매거진 2580〉, 〈그것이 알고 싶다〉 등과 같은 기획성 제작 프로그램을 담당하고 있다. 보도제작국의 프로그램들은 보통 기자들이 취재, 구성, 기사작성, 자막처리까지 모두 담당하였으나 최근 들어 교양국과 예능국PD, 구성작가들을 투입하여 보다 대중적인 아이템을 선정하여 스토리 있고 흥미 있는 시사프로그램으로 제작하려는 추세에 있다.

교양제작국은 몇 개의 책임프로듀서(CP, Chief Producer)로 이루어져 있으며, 보통 아침정보 프로그램 등 화제정보성 프로그램을 다루는 부서, 시사고발 프로그램을 다루는 부서, 다큐멘터리 등을 제작하는 부서, 쇼양(쇼와 교양) 프로그램을 다루는 부서로 크게 나뉜다.

홍보담당자들은 특히 화제정보성 프로그램을 담당하는 PD나 작가들과 접촉이 많다. 아침방송이나 저녁식사 시간대 방송되는 화제정보성 프로그램들은 대부분 데일리 프로그램이라 이를 제작하기 위해 요일별로 팀이 구성되어 있다. 월요일팀, 화요일팀 등 5~6개의 팀이 요일별로 구성되어 있기 때문에 PD나 작가의 입장에서는 일주일에 한 개의 프로그램을 담당한다고 보면 된다. 한 개를 담당해서 언뜻 시간이 많을 것 같지만 아이템선정, 취재, 촬영, 구성, 편집, 원고작성, 자막처리 등의 작업을 하고 스튜디오 녹화가 있는 프로그램은 따로 녹화 날을 잡아 MC, 방청객들과 함께 녹화를 해야 하기 때문에 매우 바쁜 일정이라 생각하면 된다. 때문에 홍보담당자들은 홍보할 내용들을 잘 정리하여 전달하는 것 못지않게 아이템을 전달하는 타이밍에도 많은 주의를 기울여야 한다. 녹화를 앞둔 전날이나 당일, 편집과 원고 작업으로 정신이 없을 때는 피해야 한다. 차라리 시기적으로 급박한 건일 경우 다른 날짜의 작가나 PD에게 전달하는 것이 확률이 높다.

## 2. 방송취재 활용 홍보

### (1) 방송취재 홍보 의의

방송은 어떤 매체보다 대중에 대한 노출 효과가 높다. 더구나 연구성과에 대한 방송보도는 대부분 뉴스와 같은 주요시간대에 보도되기 때문에 홍보로서 매력적인 방법이다.

### (2) 연구성과 방송 취재보도

**❖ 취재개요**

과학적으로 주목할 만한 성과가 저명한 저널에 발표된 경우 과학기자단에 성과를 브리핑하는 행사를 갖는다. 이 경우 홍보부서는 CG(Computer Graphics)를 미리 만들어 방송기자에게도 같이 배포하고 전화 등 연락을 취해 보도요청을 하게 된다.

**❖ 진행경과**

① 저명논문 게재 확정(1개월 전)

– 가능하면 CG(Computer Graphic) 준비(논문게재 3~4주전)

– 보도자료 초안 및 관련자료 준비

② 온라인판 논문게재(당일)

③ 보도 자료 배포 및 기자단브리핑(당일)

– 보도자료 등 프레스키트 배포

– 연구책임자의 연구성과 기자단 브리핑

④ 방송취재 요청 및 대응(당일)

– 인터뷰 및 시연(촬영) 시나리오, 동선, 지원인력 체크

– 언론사간 취재시간 정리

– 현장에서 관련자료 담아줄 USB 준비

⑤ 방송사 보도

– 보도 모니터링 및 후속 취재 연계

### Note 홍보를 위한 정기적 연구성과 요청의 중요성

중요한 연구 성과를 제대로 보도하기 위해서는 미리 논문게재 예정일을 파악하여 준비를 하여야 한다. 갑자기 논문이 나왔다고 연락을 받으면 준비도 힘들게 된다. 매월/매주 발생할 연구성과 홍보 내용을 요청해서 미리 대비해야 한다.

• 실패사례

최○○ 박사는 '체내에서 녹는 뼈 고정용 금속을 개발하여, 의료기기 임상시험 승인'을 받아 이에 대한 보도 자료를 보내긴 하였지만 홍보팀은 보도 하루 전에 인지했으며 이로서 성과에 대한 판단이나 방송사에 자료를 미리 제공하는 등의 조치를 취하지 못해 주요 방송사는 취재를 오지 못하는 사태가 발생하였다. 그나마 1~2군데 방송사가 와서 연구실 취재를 하긴 하였으나 연구자들도 휴가를 간 상태로 우왕좌왕하고 취재를 원활히 지원 못하여 방송 촬영기자의 거센 불만을 듣게 되었다.

### 참고 보도 자료 개요

- 제목 : 성상아교세포(astrocyte)에서 분비되는 신경전달물질 중에 glutamate가 신경연접(synapse)의 NMDA 채널 조절.
- 연구책임자 : 이창준 박사
- 의미
  1. 성상아교세포에서 분비되는 글루타메이트의 기작 제시
  2. 성상아교세포에서 분비되는 글루타메이트를 직접적으로 탐색하는 기술 개발함으로써 세포로 분비되는 글루타메이트의 양 측정하였다.
  3. 이렇게 분비된 글루타메이트는 synapse(신경연접)을 직접 활성화 한다고 보고하였다.

- 개요 : 이전 보고에 의하면 신경세포 간 신호전달물질을 분비하고 받아들임으로써 정보가 이동한다고 알려져 있지만 이 논문에서는 비신경세포 중 성상아교세포가 신경세포와 유사하게 신경전달물질을 분비하고 이 분비된 신경전달물질 중 글루타메이트가 신경세포의 NMDA채널을 조절한다는 것이 이 논문의 주된 요점이다. NMDA채널은 기억 인지 등 아마 뇌과학에서 빠지지 않을 정도

로 중요한 채널로 알려져 있다. 이 채널을 활성화 시키는 것은 글루타메이트와 글라이신 두 가지가 동시에 있어야 이 채널이 활성화 되는데 이 글루타메이 트가 비신경세포에서 분비되고 신경세포의 NMDA 채널을 활성화 시킨다는 것이다. 또 이 실험에서 사용된 신경세포는 hippocampus신경세포이다. 이 조직은 뇌에서 기억, 공간인지능력 등을 관장하는 것으로 알려져 있는데 성상아교세포의 글루타메이트 분비가 이 부분의 신경세포의 활성을 조절할 수 있다는 것은 성상아교세포의 글루타메이트가 기억 등의 영향을 미치는 것으로 생각될 수 있다. 또 글루타메이트는 신경계에서 흥분독성과 관련되어있으므로 이 성상아교세포의 글루타메이트의 분비를 억제하는 것은 뇌졸중, 간질 등의 뇌질환을 막는 효과가 있을 수 있을 것이다.

이 논문은 Journal of Physiology volume 581, 2007년 6월에 cover로 게재되었고 이 논문의 commentary journal(Astrocytic glutamate targets NMDA receptors, Lee and Haydon J Physiol. 2007; 581: 887-888)이 게재되었다.

---

**참고 방송보도 화면**

자료화면 : MBC 김승환 기자(2012. 3. 13)

### 참고 주요 방송사 과학기자

| 방송사 | 부서 | 과학기자 |
|---|---|---|
| KBS | 과학재난부 | 이은정 팀장, 박경호 기자, 정연욱 기자 |
| MBC | 정보과학부 | 김승환 부장, 이정신 차장, 전동혁 기자 |
| SBS | 문화과학부 | 박세용 기자 |
| YTN | 과학기상팀 | 김진두 부장, 양훼영 기자 |
| MBN | 산업부 | 김형오 기자, 이관열 기자 |
| EBS | 교육뉴스부 | 서현아 기자 |
| KTV | 방송보도과 | 여정숙 기자, 신우섭 기자 |

## 3. 교양 프로그램 활용 홍보

### (1) 교양 프로그램 활용 의의

예능과 드라마, 보도, 시사를 제외한 다른 영역의 프로그램을 교양 프로그램이라 한다. KBS의 경우 예능 제작국과 드라마제작국 그리고 다큐멘터리국에서 만드는 프로그램을 제외한 프로그램은 다 교양 프로그램이 되는 셈이다. 교양 프로그램은 최근 예능프로그램에 비해서는 대중성이 좀 떨어지긴 하지만 충분한 내용과 다채로운 구성으로 중장년층, 젊은 세대 중심으로 매니아층을 형성하고 있어 노출 효과가 높아지고 있다.

### (2) 교양프로그램 활용

❖ 활용 주안점

기관을 테마로 처음부터 교양 프로그램을 제작하는 것은 내용 구성과 비용 면에서 성사되기 어려운 점이 있어 이미 구성된 교양 프로그램에서 기관이 참여할 수 있는 방법을 찾아 가는 게 적절한 방법이라 볼 수 있다. 이를 위해 매

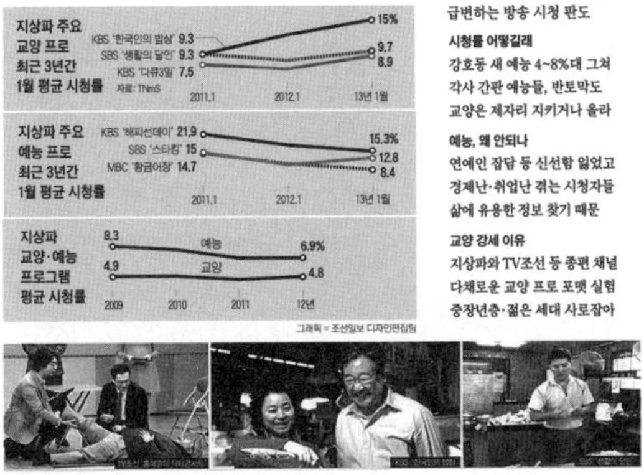


출처 : 조선뉴스
(http://news.chosun.com/site/data/html_dir/2013/02/04/2013020402530.html)

**그림 11-2.** 지상파 프로그램 시청률 비교

분기별로 교양프로그램 편성에 관심을 갖고 가능성이 있는 프로그램을 선정하여 프로그램에 기관이 적극적으로 노출 될 수 있도록 해야 한다.

### ❖ 진행절차

① 공중파 방송 교양 프로그램 조사선별

시청률이 높은 KBS, MBC, SBS 등 주요방송사 프로그램 및 종편의 교양 프로그램을 조사하여 기관과 연계한 홍보를 할 수 있도록 선별한다.

② 방송에 노출 시나리오 작성

연구성과, 연구실, 캠퍼스, 인물 등을 노출하면서 전체 구성을 살리는 대강의 시나리오를 구상한다.

③ 제안서 작성 및 관련 PD 접촉, 협상

의미 및 가치제안, 노출방식, 요구사항, 비용협의 등을 고려한 제안서를 작성한다. 이 과정에서는 교양 프로그램 PD, 방송사 마케팅 부서, 외주제작사 등 접촉해야한다.

④ 녹화요청 공문 접수 및 준비사항 사전협의

방송사에 녹화를 요청하는 공문을 접수하고 구체적인 준비사항에 대해 사전협의를 한다.

⑤ 내부보고 및 촬영부서 협조 안내, 유관기관 보고

기관내부에 진행상황 및 기획에 대해 보고하고 각 촬영부서 및 유관기관에 협조를 요청한다.

⑥ 방송녹화 대응(당일)

촬영 장소에 출입을 통제하고 인터뷰 및 시연(촬영) 시나리오, 동선, 지원인력 체크한다. 그밖에 현장에서 촬영에 필요한 지원 및 협조한다.

⑦ 후속자료 제공 및 협조

녹화를 마친 다음에도 기관의 소개영상이나 관련자료에 대해 요청이 있다면 그에 적절한 후속자료를 제공하고 협조한다.

⑧ 방송 프로그램 방영

프로그램을 모니터링하고 언론 및 공중의 반응에 대해 지속적인 모니터링을 한다.

---

**참고 교양프로그램 활용사례 – 다큐3일**

• 보도개요

다큐3일은 KBS 교양국에서 제작되는 집중 취재 보도형식의 다큐멘터리 프로그램이다. 인물이나 특별한 기관 등에 대한 휴먼 심층보도로 이루어져 기관을 홍보하기에 좋은 프로그램으로 판단되어 신청하게 되었다.

• 진행경과

① 공중파 TV방송 다큐멘터리 기획('09. 5월)/홍보대행사(인컴브로더)

– 프로그램명 : KBS–1TV 다큐 3일(토요일 21:40~)

– 촬영예정일 : 8. 24~8. 27(3박 4일)

– 촬영스텝 : 교양국 이석진 PD, 박미연 작가, VJ 5명 등 10명 내외

② 방송사 PD 연구소 사전답사('09. 8월, 2회/KBS 이석진 PD, 박미연 작가)

③ 최종 촬영장소 결정/부서별 촬영협조 요청

| 장소 | 내용 | 협조사항 | 비고 |
|---|---|---|---|
| L0 | 지ㅇ구 박사 | – 연구실 촬영 | 재료 |
| L2 | 남ㅇ수 박사(화학 실험)<br>최ㅇ호 박사(탈모 분석) | – 머리카락 분석 후 결과 통보 | 생체 |
| L5 | 이ㅇ희 박사(과학수사) | – 위조문서 감별 장면 촬영 | 특성분석 |
| L7 | 신경과학센터<br>(연구실, 쥐 사육실) | – 신ㅇ섭 박사 인터뷰(밀착취재)<br>– 쥐 사육실 안내(정ㅇ영 박사) | 미래융합 |
| L8 | 인지로봇연구단 | – Grand Challenge 출장 연기 | 지능시스템 |
| 장소 | 내용 | 협조사항 | 비고 |
| 운동장 | 박ㅇ철 박사<br>(오수 정화 기술) | – 오수 정화 과정 촬영 | 에너지환경 |
| 기숙사 | 내외국인 생활모습 | – 기숙사 출입 및 촬영 | 총무팀 |
| 연못 | 류ㅇ천 박사(민물새우) | – 민물새우 촬영 | 생체 |
| 역사관 등 | 과학탐방 | – 모니터링사업본부 견학 | 에너지환경 |
| 학연 강의실 | IRDA 한국어 강좌 | – 강의실 촬영 | 학연협력실 |
| 존슨강당 | KISTrio 연습 | – KISTrio 연습 일정 | 존슨강당 |
| 기타 | 출퇴근, 담장공사,<br>과학자 아파트 | – 출퇴근시 공용자전거 비치<br>– 담장공사 진행 시간 통보<br>– 국선도, 체육관 촬영 | 안전팀<br>건설팀<br>동호회 |

④ 현장촬영('09. 8월 24~27일, 4일간)

⑤ KBS 주요시간대 방영

| 구분 | 날짜 | 시간 | 매체 | 비고 |
|---|---|---|---|---|
| 본방 | 2009. 9. 5(토) | pm.09:40~10:30 | KBS 1TV | 지상파 |

| 재방 | 2009. 9. 6(일) | am.01:30~02:20 | KBS 2TV | 지상파 |
|---|---|---|---|---|
| | 2009. 9. 6(일) | am.01:30~02:20 | KBS HEART | DMB |
| | 2009. 9. 11(금) | am.01:30~02:20 | KBS WORLD | 케이블 |
| | 2009. 9. 11(금) | am.01:30~02:20 | KBS STAR | DMB |

### 참고 TV방송 다큐 기획서 (인컴브로더)

□ 기획배경

① 국가 발전의 근간이 되는 과학기술 발전을 위해 노력하는 출연(연) 연구원들의 연구 모습을 공중파 휴먼 다큐멘터리를 통해 심층 취재 전달함으로써 일반 국민 대상 출연(연) 위상 강화

□ 추진방향

① 추진 방송 프로그램 : KBS1 다큐멘터리 3일(토요일 밤 9:40~10:30)

② 구성내용

- 연구소 내 연구원들의 연구 활동을 포함하여 식사, 휴식 등 연구단지 내에서의 연구원들의 일상
- 연구원들의 꿈, 연구 동기, 고민 등에 대한 인터뷰

※ KBS 다큐멘터리 3일 소개 : '특정한 공간'을 '제한된 72시간' 동안 관찰하고 기록해, 그곳에서 벌어지는 자연스런 상황변화와 인간군상의 일상을 통해 우리 시대의 자화상을 따스한 시선으로 그림

□ 주요내용 – 한국과학기술연구원(KIST)

## 또 다른 대한민국의 내일을 꿈꾸는 사람들

**– 한국과학기술연구원(KIST) 72시간 –**

지속되는 불경기와 국내외 정세가 불안한 이때, 늠름한 로봇 태권V를 개발해 우리를 지켜준 만화영화 속 김박사처럼 멋진 과학자들이 그 어느 때보다 필요하다. 로봇 태권V를 만든 김박사를 꿈꾸는 1,000명의 과학자들의 성지, 매일 매일이 도

전인 과학자들의 메카, 밤낮 없이 달려온 40년 연구의 산실인 한국과학기술연구원, KIST!
그곳의 3일을 기록한다.

• 인간의 뇌 활용은 어디까지?
아인슈타인도 겨우 4%만 사용했다는데(신경과학센터)
조그맣고 귀여운 쥐들이 앙증맞게 움직이고 있다. 하지만 쥐들을 다루는 과학자들은 엄숙하리만큼 진지해 보인다. 이곳은 생쥐모델을 이용해 뇌의 감각/지각, 의식 등 뇌 기능의 이해 및 조절을 연구하고 뇌 질환 표적 발굴을 연구하고 있다. 동시에 간질, 학습장애, 주의장애와 정신분열 등과 같은 관련 정신질병의 치료 및 증상완화를 위한 약물발굴도 계속해 보다 건강한 미래의 모습을 구현해 내고 있다.

• 0.0001mm의 오차도 허용할 수 없다.(나노바이오연구센터)
한 연구실, 고요한 침묵만이 흐른다. 영화에서나 보던 바이오 로봇의 표면 움직임을 관찰하던 연구원. 제작진이 들어와 한참 있어도 눈치조차 못 챈다. 아주 섬세한 오차도 허용할 수 없어 연구에 집중하고 있었기 때문. 실험을 하던 한 연구원은 첨단 산업과 함께 미래 핵심 기술로 부상한 나노바이오 산업을 선점하기 위한 각국의 경쟁은 "소리 없는 전쟁"에 비유될 만큼 치열하게 전개되고 있어서 한 치도 뒤질 수 없다고 말한다.

• 우리 아이들이 뛰어 놀 깨끗한 환경은 내가 책임진다.(환경기술연구단)
이곳에는 전국 각지에서 모인 돌, 흙, 물 등이 자신의 어디에서 왔는지 알리는 라벨과 함께 투명한 실험관들에 놓여 있다. 간혹 해외 지역 라벨이 눈에 띄기도 한다. 그런데, 깨끗한 물이 담겨 있는 실험관이 있는가 하면 이게 과연 투명 실험관 인가 싶을 정도로 탁한 물도 보인다. 한 연구원은 고밀도 현미경을 통해 그 탁한 물을 분석하고 있으며, 다른 연구원은 샘플 토양에서 어느 정도의 탄소가 배출되는지 기계를 통해 검사하고 있다. 이들 연구원들은 인간과 환경이 함께 공생, 발전할 수 있는 방법을 찾기 위해 오염된 공기, 물, 흙을 어떻게 복원할 것인가 또는 오염을 사전에 막을 수 있는 기술을 개발 중에 있다.

• 김박사에게는 식당도 연구실의 연속? KIST 유일의 구내식당을 엿보다.
이곳은 대한민국 최고의 두뇌들이 모였다는 KIST의 구내식당. 과연 과학자들은 어떤 밥을 먹을까? 밥 먹을 때도 영양소를 계산하고 소화의 원리를 생각하면서 먹을까? 밥, 국, 김치, 고기 등 그들의 밥도 여느 상차림과 다를 바 없다. 다만 식사 중에도 이어지는 연구에 대한 토론. 급기야 식탁에서도 연구 도면을 그리는 진풍경을 연출한다.

- 나중에 크면 나도 과학자가 될래요!(과학체험관)

KIST 지능형 로봇 "마루, 아라"가 다양한 동작과 함께 말을 하자 한 무리의 아이들이 연신 탄성을 지른다. 청소년들에게 미래 과학기술자로의 꿈을 심어주기 위한 연구원 견학프로그램에 참석한 아이들은, 평소 접하지 못했던 신기한 과학의 세계에 빠져 새로운 꿈을 꾼다.

- 과학자들도 가끔 일탈을 꿈꾼다! 지금은 KIST의 23시...

과학자라고 연구만하고 살수는 없는 법. 밤이 되면 동료 연구원들과 어울려 술도 마시고 노래도 부르는 그들. 성공한 연구결과에 대해 일장 연설을 늘어놓는 김박사도 있는 반면 거듭되는 실험의 오류로 좌절감을 털어놓는 이들도 있다. 미래를 향한 오늘의 애환을 들어본다.

- 녹색성장 기술의 산실, KIST

최근 각광받고 있는 신재생에너지 분야에서도 두각을 나타내고 있는 KIST. 현대자동차와 수소연료전지 자동차를 공동 개발한 연료전지연구단, 염료감응태양전지의 세계적 연구그룹인 태양전지연구센터.그들에게서 향후 에너지기술을 선도할 대한민국의 미래를 본다.

- 비교체험 극과 극

사람이라면 누구나 기피하는 분뇨를 연구하는 연구실부터, 최첨단 내진동/내소음/내자성 설비가 구축되어 있는 슈퍼전자현미경 연구실까지. 극과 극을 달리는 실험실의 모습.

- 세계人 in KIST

KIST에 근무 중인 외국인 과학자(에릭플러리, 헨켈스마이어 및 IRDA 학생)들의 모습은 더 이상 낯설지가 않다. 한국인 과학자들과 함께 연구하는 그들의 모습과 기숙사에서의 생활 등 KIST 속의 세계인의 이야기를 들어본다.

• 과학자들은 예술적 감각이 없을 거라는 편견은 이제 그만!!!

과학자들은 연구만 하는 사람들이라는 편견, 요즘 신세대 과학자들과는 거리가 먼~ 이야기. KIST 밴드의 연습 현장을 찾아간다.

• 과학자들의 스트레스 해소법

하루 종일 연구에 지친 과학자들이 스트레스를 푸는 법. KIST 인조잔디 구장에서 밤늦게 진행되는 축구 or 야구 경기. 한바탕 땀 흘리고 나면 그날 쌓인 스트레스는 씻은 듯이 사라지고……. 경기가 끝난 늦은 시각, 다시 연구실로 향하는 그들.

• 대한민국 과학기술의 발자취를 찾아서

오늘날 IT 강국으로 거듭난 대한민국.1966년 KIST 설립과 함께 그 역사는 시작되었는데……. KIST 설립에 얽힌 Behind Story를 들어본다.

24시간 연구실의 안전을 감시하는 이글아이, 중앙통제실

단 한건의 사고라도 용납하지 않는 KIST의 안전관리 시스템. 24시간 8만 평 캠퍼스의 안전을 감시하는 중앙통제실의 모습과 모니터에 비친 연구소 곳곳의 모습을 살펴본다.

* 이외에 특별하거나 재미있는 화면 구성이 될 만한 연구 환경이 있다면 추가 예정

예) 늘 상온 27% 유지를 위한 한 여름에도 에어컨을 틀 수 없는 곳, 늘 냉동보관소에서 일해야 하기 때문에 한 여름에도 오리털 파카를 입어야 하는 곳 등

---

참고 **TV방송 다큐 기획서(인컴브로더)**

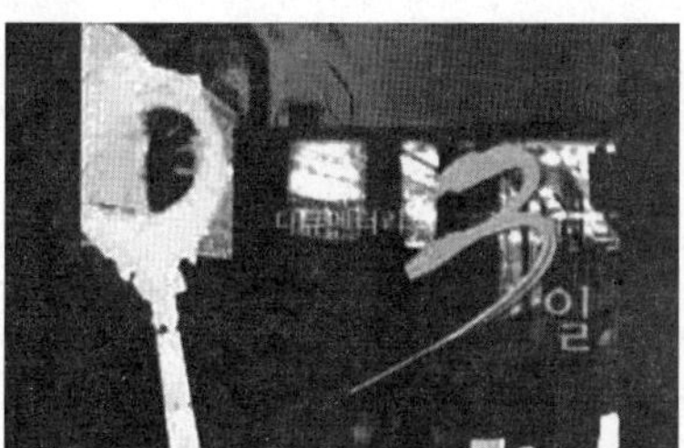

**그림 11-3.** 다큐 3일 방송보도 화면

출처 : KBS, 다큐 3일(2009. 9. 5)

### 참여가능한 5개사 방송 프로그램 조사 예시(2013년 기준)

| 구분 | 프로그램 |
|---|---|
| MBC | • 자원봉사 희망프로젝트 '나누면 행복'<br>– 방송시간 : 매주 수요일 밤 12시 5분(MC : 김정화, 김대호)<br>– 방송내용 : 교양/토크쇼, 다큐, 봉사 참여로 이루어진 기부참여 유도 프로그램<br>(배우 김세아, 국민건강보험공단 강승진 과장, 박문수 신부 등) |
| KBS | • 수요기획<br>– 방송시간 : 매주 수요일 밤 11시 40분<br>– 방송내용 : 다큐(SSU 해난구조대, 세상을 바꾸는 9번째 지능 등) |
| SBS | • SBS 스페셜<br>– 방송시간 : 매주 일요일 밤 11시<br>– 방송내용 : 다큐/일반적인 다큐와는 다른 다양한 주제<br>(승부사 박태환, 지리산 연곡분교 날씨 맑음 등) |
| | • 일요특선 다큐멘터리<br>– 방송시간 : 매주 일요일 아침 7시 10분<br>– 방송내용 : 다큐<br>(차이나 파워–대륙의 아이들, 그대는 나라를 사랑하는가–안창호 등) |
| EBS | • 미래 직업, 뜨는 직업<br>– 방송시간 : 목요일 저녁 6시 30분<br>– 방송내용 : 정보/젊은이들에게 우리가 평소에 알지 못했던 미래 직업 뜨는 직업에 대해 전문가들로부터 폭넓은 지식과 경험을 얻어 직업 선택에 도움이 되도록 정보제공 |
| | • EBS 초대석<br>– 방송시간 : 매주 금요일 낮 12시 10분(진행 : 엄길청 교수)<br>– 방송내용 : 대담/국내외 사회각계각층의 저명인사를 초대해 50분간 심도 있는 대담을 통해 우리 사회발전에 대한 제언을 듣고 명사가 오늘날의 철학과 전문성을 갖추기까지 어떤 중요한 경험들이 있었는지 묻는다.<br>(문화체육관광부 최광식 장관, 국립암센터 이진수 원장) |
| YTN | • YTN 포커스<br>– 방송시간 : 매주 수요일 낮 12시 30분<br>– 방송내용 : 대담/이슈나 화제의 중심이 되는 인물들을 직접 출연시켜 폭넓고 깊이 있는 분석으로 시청자들의 궁금증을 풀어가며 바람직한 대안을 모색하는 시사 대담프로 |

| | |
|---|---|
| YTN Science | • 사이언스 초대석<br>– 방송시간 : 매주 수요일 저녁 6시<br>– 방송내용 : 대담/과학기술계 주요 인사들을 스튜디오로 초대해 과학계 주요 현안에 대한 분석과 전망, 과학자로 우뚝 서기까지의 비하인드 스토리까지<br>(에너지경제연구원 원장, 국립수산과학원 원장, 한국로봇융합연구원 원장 등) |
| YTN Science | • 관계자외 출입금지<br>– 방송시간 : 매주 수, 목요일 낮 12시 00분<br>– 방송내용 : 다큐/일반인이 접근할 수 없는 특수한 작업의 현장 통제구역 속 감춰진 현장과 감동을 담음(응급실, 산림항공관리본부, 자동차 성능연구소 등) |
| | • 과학의 숲에서 만나는 과학향기<br>– 방송시간 : 매주 목, 금요일 오전 07시 30분<br>– 방송내용 : 정보/생활 속에서 쉽고 재미있게 과학을 찾아배우는 컨셉의 과학정보프로그램<br>(잠꼬대 하는 사람과 대화할 수 있다? 등) |

조사 예시('13. 3. 29 현재)

### (4) 교양프로그램 활용사례 – 영상앨범 산(山)

**❖ 방송개요**

- 프로그램명 : KBS 영상앨범 산
- 방송제목 : 바닷길 너무 산길 – 강릉 바우길
- 방송예정 : 2012년 3월 11일(일), 오전 7시 40분(20분 방영)
- 촬영스텝 : 프로듀서 김성환

**❖ 진행경과**

① '11. 1 〈영상앨범 "산"〉 참여 가능성 검토

② '11. 4 담당 외주제작사 PD 면담했으나 촬영 시기, 형식, 비용 등에 이견이 있어 추후 추진하기로 함

③ '12. 1 〈영상앨범 "산"〉 참여 재검토

KIST강릉분원과 관련 있는 강릉지역에서 신입 연구원들과 기관장과의 소통을 컨셉으로 프로그램 추진

④'12. 2 프로그램 제작 협조(산행 협조 및 기관 소개 자료, 인터뷰 자료 등 준비)

⑤ '12. 2. 12~13 이틀에 걸쳐 촬영

---

**참고** **영상앨범 산 촬영추진 기획서**

□ 추진 배경

– 2012년 홍보전략 중 주요 목표인 PI 홍보의 일환

– 대중성 있는 교양프로그램을 통한 과학자와 기관이미지 제고

□ 프로그램 개요

– 전문 산악인이 아니어도 쉽게 오를 수 있는 국내외 명산을 찾아 자연의 아름다움과 산과 더불어 살아가는 사람들 소개

– KBS 2TV 일요일 오전 7시 40분 방영

※ 3월초 방송 예정

□ 촬영 계획(안)

• 촬영지 : 강릉 바우길

• 촬영기간 : 2월 12일(일)~2월 13일(월)

※ 선자령 인근에서 비박 예정

※ 현지 기상상황에 따라 촬영 일정이 변동될 수 있음

• 촬영 컨셉

– 설산을 배경으로 한 선 · 후배 과학자들의 '동행'

– 연구소를 떠나 '산'이라는 공간에서 나누는 과학자들의 진솔한 이야기

• 참가자

– 신입 연구원 4명(김○균/김○남/정○혜/김○진)

– 촬영 지원 : 홍보팀(2인), 산악회(1인)

• 준비물
  – 개인의류 및 장비 : 각자 준비
  – 침낭, 매트리스, 버너, 코펠, 식재료 : 홍보팀
  – 텐트 : 촬영팀 대여

□ 세부 일정(안)

| 날짜 | 시간 | 일정 | 장소 | 비고 |
|---|---|---|---|---|
| 2.11(토) | 15:00 | 출발 | KIST 본관 | 15인승 버스 배차 |
| | 16:30 | 중간 휴식 | 횡성 휴게소 | – |
| | 17:30 | 강릉 도착 | 강릉분원 | – |
| | 18:00 | 저녁 식사 | 경포대 인근 | 강릉분원 협조 |
| | 20:00 | 사전 회의 | 강릉분원 | 촬영팀/홍보실 |
| 2.12(일) | 06:00 | 출발 | 강릉분원 | – |
| | 06:20 | 아침 식사 | 경포대 인근 | 강릉분원 협조 |
| | 08:00 | 촬영 시작 | 게스트하우스 | – |
| | 12:00 | 점심 식사 | 바우길 | 김밥 등 준비 |
| | 16:00 | 야영지 도착 | 선자령 인근 | – |
| | 17:00 | 텐트 설치 | | 촬영팀 운반 |
| | 18:00 | 식사 준비 | | 황태국 |
| | 21:00 | 취침 | | – |
| 2.13(월) | 06:00 | 간단 식사 | | – |
| | 06:30 | 일출 촬영 | 정상 | 원장님 |
| | 10:00 | Brunch | 횡계 | 촬영팀 섭외 |
| | 11:00 | 촬영 시작 | 능경봉~고루포기 | – |
| | 13:00 | 촬영종료 및 하산 | 고루포기 | – |
| | | 귀경 | 대관령 휴게소 | 15인승 버스 대기 |

※ 촬영분이 충분치 않을 경우 닭목령으로 하산하면서 추가 촬영 예정

□ 등산로(촬영지)

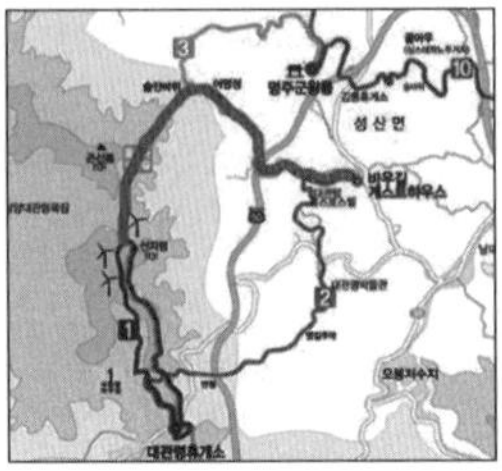

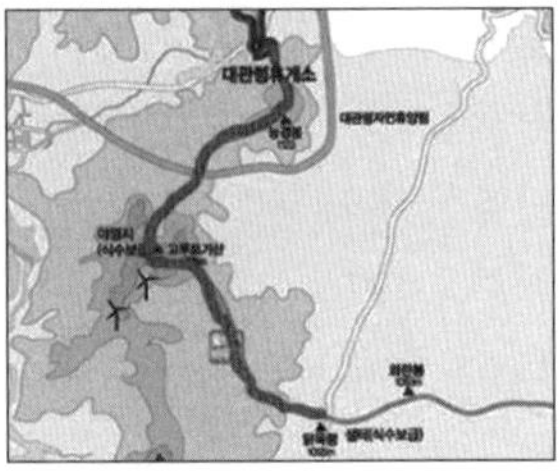

□ 방송성과

- 방송 : 2012년 3월 11일(일), 오전 7시 40분~8시 10분
- 프로듀서 : 김성환
- 출연 : KIST(한국과학기술연구원) 문길주 원장 외 신입사원 4명
- 이동코스 : 바우길 게스트 하우스 ⇨ 어명정 ⇨ 곤신봉 ⇨ 선자령 ⇨ 대관령휴게소 ⇨ 능경봉 ⇨ 고루포기산 ⇨ 닭목령

□ 방송예고편

대관령 자락에 산과 바다, 그리고 호수를 한꺼번에 만끽할 수 있는 강릉의 "바우길"이 있다. 강원도 사람들이 사람을 친근하게 부를 때 '감자바우'라고 부르는 데서 유래한 이름으로, 백두대간에서 경포와 정동진까지 총 300km의 코스로 이루어져 있다. 이번 여정은 KIST(한국과학기술연구원)의 문길주 원장과 신입사원들이 함께 했다.

바우길 게스트 하우스에서 출발해 길에 오르면 짙은 솔향 가득한 숲 한쪽에 어명정을 만날 수 있다. 경북궁을 복원할 때 이곳에 있던 금강소나무를 베어다가 기둥을 삼았는데 미리 어명을 알리고 진혼굿을 한 뒤 베어냈다고 한다. 그 뒤, 베고 남은 금강소나무의 그루터기 위에 세운 것이 어명정이다.

어명정에서 잠시 숨을 돌리고 눈 덮인 백두대간의 능선을 따라 걸으면 바람의 언덕, 선자령에 다다른다. 드넓은 초원이 아늑한 구릉 사이로 펼쳐지고, 바람을 이용해 청정 에너지를 생산하는 풍력발전기가 이국적인 풍경을 자아내는 곳. 그래서 혹자는 이곳을 '대한민국의 알프스'라고 부르기도 한다.

그림 같은 풍경을 뒤로 하고 길을 걷는다. 화려하지 않아 숨겨져 있던 곳, 능경봉을 지나면 해발 1,238m 고루포기산을 만나게 된다. 태백산맥의 지맥인 해안산맥의 하나로, 백두대간이 동해를 끼고 대관령에서 몸을 낮췄다가 다시 솟아오른 산이다. 오르기가 다소 어렵기 때문에 찾는 이가 적어 오히려 자연 그대로가 보존되어 있다.

가슴에 푸른 동해를 품은 눈과 바람의 땅, 강릉 바우길. 정성으로 다듬은 순박한 자연의 길 위에서 펼쳐지는 그들의 패기 넘치는 여정을 영상앨범 산이 함께 한다.

출처 : KBS 〈영상앨범 "산"〉

## 4. 예능 프로그램 활용 홍보

### (1) 예능 프로그램 활용 의의

런닝맨, 아빠 어디가, 진짜 사나이, 힐링 캠프, 라디오 스타, 불후의 명곡 등 이름만 들어도 즐거운 게 예능 프로그램이다. 예능을 한마디로 정의할 수는 없지만 대개 개그맨, 가수, 탤런트 같은 연예인이나 유명인 등이 출연하여 다양한 주제로 토크쇼를 하거나 경연을 벌이거나 일상을 오락화 하여 재미를 주는 다양한 형식으로 운영되고 있다. 시청률이 높고 시청자들에게 친근하고 부담 없이 다가가는 이러한 예능 프로그램의 홍보 활용은 할 수 만 있다면 효과가 매우 큰 방법이라 할 수 있다.

### (2) 예능 프로그램 활용

❖ 취재개요

예능 프로그램은 교양 프로그램과 달리 처음부터 KIST를 소재로 하기는 어려운 점이 있다. 다만 연구원 캠퍼스를 활용하거나 성과를 노출시킨다거나 직원을 출연시켜 간접적 홍보를 하는 게 적절하다. 매분기별로 예능 프로그램 편성에 관심을 갖고 적용이 가능한 아이디어를 발굴하여 제안서를 만들고 방송사와 협의하는 노력이 필요하다.

❖ 진행절차

① 공중파 방송 교양 프로그램 조사선별

시청률이 높은 KBS, MBC, SBS 등 주요방송사 프로그램 및 종편의 예능 프로그램을 조사하여 기관과 연계한 홍보를 할 수 있도록 선별한다.

② 방송에 노출 시나리오 작성

연구성과, 연구실, 캠퍼스, 인물 등을 노출하면서 전체 구성을 살리는 대강의 시나리오를 구상한다.

③ 제안서 작성 및 관련 PD 접촉, 협상

의미 및 가치제안, 노출방식, 요구사항, 비용협의 등을 고려한 제안서를 작성한다. 이 과정에서는 예능 프로그램 PD, 방송사 마케팅 부서, 외주제작사 등 접촉해야한다.

④ 녹화요청 공문 접수 및 준비사항 사전협의

방송사에 녹화를 요청하는 공문을 접수하고 구체적인 준비사항에 대해 사전협의를 한다.

⑤ 내부보고 및 촬영부서 협조 안내, 유관기관 보고

기관내부에 진행상황 및 기획에 대해 보고하고 각 촬영부서 및 유관기관에 협조를 요청한다.

⑥ 방송녹화 대응(당일)

촬영 장소에 출입을 통제하고 인터뷰 및 시연(촬영) 시나리오, 동선, 지원인력 체크한다. 그밖에 현장에서 촬영에 필요한 지원 및 협조한다.

⑦ 후속자료 제공 및 협조

녹화를 마친 다음에도 기관의 소개영상이나 관련자료에 대해 요청이 있다면 그에 적절한 후속자료를 제공하고 협조한다.

⑧ 방송 프로그램 방영

프로그램을 모니터링하고 언론 및 공중의 반응에 대해 지속적인 모니터링을 한다.

### (3) 예능 프로그램 활용사례 – KBS 열린음악회

❖ 방송개요

- 프로그램명 : KBS 열린음악회
- 방송일정 : 2011. 5. 15(일) 17:35~19:00
- 촬영스텝 : 예능국

❖ 진행경과

① '11. 1 열린음악회 유치 가능성 타진, 유치 신청 결정
KIST 개최 당위성 설명(담당 PD)

② '11. 2 개최 신청 공문 발송(2/1),KIST 개최 당위성 설명(콘텐츠본부장, 예능국장)

③ '11. 3 KIST 개최 확정, 프로그램 녹화 일자 조율, 계약 사항 조율

④ '11. 4 열린음악회 개최 준비(초청자, 시설준비, 안전관계, 출연진에 대한 의견 제시, 행사 지원 준비 등)

⑤ '11. 5 열린음악회 녹화 및 방영

## 참고 열린음악회 추진 기획안과 방송성과

1. 행사 개요

- 목적 : 대형음악회 유치를 통해 동문, 유관기관, 지역주민 등과 과학문화를 나누고, 내부구성원들에게 화합과 자긍심 제고, 국가과학기술위원회 출범 축하
- 행사일시 : 2011년 5월 3일(화), 16:00~22:00
- 장소 : KIST 원내 잔디광장, 국제협력관 컨벤션홀, 역사관
- 행사내용 : KIST Spring Festival, KBS 열린음악회
- 출연진 : 신형원, 변진섭, 김종서, 김연자, 이현우, 홍경민, 에프터스쿨, 홍광호, 정선아
- 초청대상 : 동문, 임직원, 과학기술계 주요인사, 지역주민 등 약 7,000여명

2. 행사일정

- KIST Spring Festival : 역사관, 잔디광장
  - 14:00~18:00 'KIST 로봇' 展, 'KIST로 떠나는 시간여행' 展, KIST Photo Zone, 역사관 탐방 등
- 열린음악회 : 잔디광장
  - 18:00~19:00 열린음악회 리허설
  - 19:00~21:00 열린음악회 녹화

3. 소요예산

- KIST Spring Festival : 총 3,000만원
  - 전시회 기획 및 전시공간, 전시물 제작, 페스티벌 홍보물 제작 등
- 열린음악회 : 총 3억 4천만원
  - 열린음악회 유치비 : 2억 6천만원
  - 행사진행비 : 8천만원

4. 방송성과

- 방송일('11. 5. 15) 일요일 황금시간대(17:35~19:00) KBS 통해 85분간 풀타임 KIST 노출
- 인근주민 포함 6,000여명이 녹화당일 참관하여 KIST 인지도 높임
- 국가과학기술위원회 출범을 국민들에 홍보

(5) **예능 프로그램 활용사례** – SBS 런닝맨

❖ **방송개요**

- 프로그램명 : 일요일이 좋다 "런닝맨"
- 방송일 : 2012. 7. 1(일) 18:10~ 20:00 ※ 6. 19 녹화
- 촬영 스탭 : SBS 예능국

❖ **진행경과**

① '12. 3 런닝맨 유치 가능성 타진, 유치 신청 결정

② '12. 4 유치 신청(프로그램 홈페이지에 신청), 외주 제작사와 계약 조건 협의

③ '12. 5 작가 및 PD 등에 KIST 및 연구실 소개(2차례)

④ '12. 6 녹화 당일 협조 사항 협의 및 원내 공지, KIST 연구성과 시나리오 반영 협의, 런닝맨 녹화

**참고** **런닝맨 추진 기획서**

## 런닝맨 촬영 관련 준비

1. 〈런닝맨〉 소개
- 프로그램명 : 일요일이 좋다 2부–런닝맨(매주 일 18:20~19:40)
- 출연진 : 유재석, 지석진, 김종국, 개리, 하하, 송지효, 이광수 외

매주 유명인의 게스트

• 시청률 : 15%~17%의 시청률

※ 타방송사의 파업 등으로 예능프로그램으로는 인기가 있는 프로그램임. 특히, 초등학생 등 저연령층의 학생들에게 많은 인기

2. 〈런닝맨〉 촬영 개요

• 목적

 - 시청률 높은 인기 예능프로그램을 통한 과학기술 연구현장 소개 및 우리 원의 대중적 이미지 제고
 - KIST 구성원들의 사기진작 및 자긍심 제고

• 컨셉 : 과학수사, 추격전
• 일시 : 2012년 6월 19일(화), 16:00~20:00(최소 3시간 이상 소요)
• 장소 : 원내 전지역(본관, L0, L1, L2, L3 중심의 촬영)
• 방송일자 : 2012년 7월 1일(일) 예정(방송사 편성 사정에 따라 변동 가능)

3. KIST 촬영 내용

• 강북지역 2군데 정도 사전 촬영 후(어린이 대공원 등)
• KIST는 가장 중요한 마지막 코스이며, 추격전의 결론이 정해지는 장소임.
• 중요 단서를 전달하는 역할을 지능로봇사업단 KIBO가 할 예정임.

• 제작진과 협의 중인 사항

 - KIST 연구성과의 노출 추가 추진 : 연구성과 및 주요 연구시설, 외국인 과학자 등(표면 개질 기술을 이용한 지령지, 로봇을 통한 지령 전달, 주요 연구시설 소개)
 - KIST 명칭의 적극적 소개

4. 직원 안내 사항

• 촬영 시 평소처럼 일상 업무 수행
• 방송 출연 요청 시 협조(임의로 역할 수행을 요청할 수 있음)
• 실험 시 실험가운 착용(KIST 마크가 있는 가운), 실험실 및 사무실 환경 정리
• 촬영 내용에 대한 SNS 게재 자제

참고 런닝맨 추진 후기

## 국민 MC 유재석이 'KIST'에 간 이유는?

인기 연예인 `유재석`이 한국과학기술연구원(KIST)에 온다. SBS 간판 예능프로그램 `런닝맨`이 19일 오후 KIST를 달린다. KIST에 따르면 19일 오후 4시부터 런닝맨 제작진이 KIST 본관과 연구동에서 프로그램을 촬영한다. 제작진은 연구동을 주 무대로 촬영할 예정이며 게스트와 주제는 알려지지 않았다.

제작진은 다른 장소에서 주어진 문제를 풀면 순서대로 KIST에 도착해 마지막 미션을 수행하는 형식으로 진행된다. 이날 촬영된 프로그램은 오는 7월 1일 방송한다. 이날 KIST는 촬영당일 오후와 저녁 시간 연구소 내 일반인 출입을 통제했다.

런닝맨 KIST촬영은 KIST가 연구소 홍보를 위해 제작진에게 요청해 이뤄진 것으로 알려졌다. KIST는 1965년 5월 한 · 미 정상회담에서 양국 대통령이 공동성명을 발표하고 한국 공업발전을 위해 설립됐다. 1966년 2월 한국과학기술소로 설립됐으며 한국과학기술원법에 따라 1981년 한국과학원과 함께 한국과학기술원으로 통합해 1989년 6월 12일 기초 및 원천 기술 개발을 위한 대형 국책연구과제를 수행하는 종합연구기관으로서 한국과학기술원 연구부를 독립해 발족했다.

조직은 이사회, 감사, 원장, 부원장, 재료연구부, 시스템연구부, 환경공정연구부, 생체과학연구부, 연구조정부, 기술사업단, 행정부 등으로 구성되고 서울시 성북구 하월곡동에 위치하고 있다.

윤대원 기자 yun1972@etnews.com

출처 : 전자신문(2012. 6. 19)

출처 : SBS, 런닝맨(2012. 7. 1)

## 5. 광고의 활용

### (1) 광고의 이해

광고는 일반 홍보와 달리 유료로 미디어를 구입하여 메시지를 원하는 목표 공중에게 전하는 커뮤니케이션 수단이다. 방송사의 프로그램이나 신문사의 기사를 활용한 홍보에서는 매체의 지면이나 시간이 확실히 보장되지 않는 반면, 광고는 광고주가 지불한 대가에 상응하는 지면이나 시간에 원하는 메시지를 전달할 수 있다. 광고는 마케팅이나 홍보와 함께 활용할 수 있는 대표적인 IMC(Integrated Marketing Communication ; 통합 마케팅 커뮤니케이션) 도구로써 기관이 목표공중(Target Audience)에게 가장 직접적이고 일관적으로 전할 수 있는 특징이 있다. 공신력 있는 언론을 통한 기관의 간접적인 노출은 공중에게 자연스럽게 접근할 수 있고, 객관적으로 인정받을 수 있다는 장점이 있다. 하

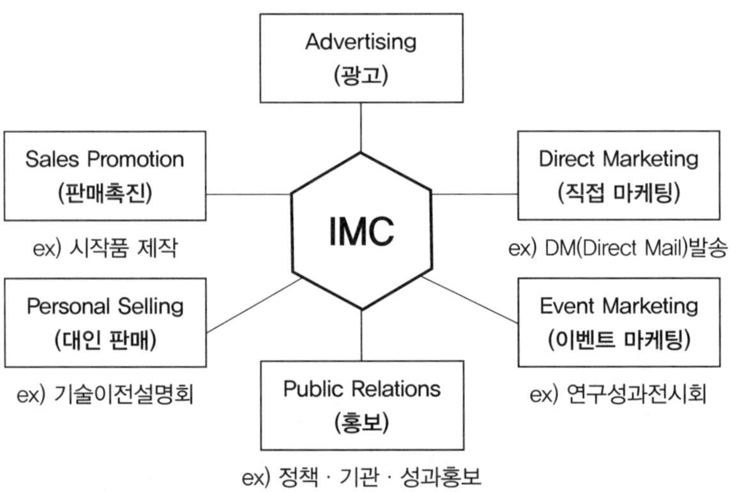


* IMC : Integrated Marketing Communication의 약자로, 통합적 커뮤니케이션을 의미한다. 6개의 커뮤니케이션 도구를 개별적인 기획이 아닌, 통합적이며 일관된 메시지를 담아야한다는 것이 핵심.

**그림 11-4.** IMC와 다양한 마케팅 커뮤니케이션 수단

지만 기관이 궁극적으로 고객에게 전하려는 비전이나 공유가치를 담은 메시지나 브랜드이미지(BI), 기관장이미지(PI)와 같은 기관의 뚜렷한 정체성을 형성하는 데에는 한계가 있다. 광고는 그러한 점을 보완해줄 수 있는 역할을 한다. 광고는 신문이나 TV, 라디오의 지면이나 시간을 구매하여 기관이 전하려는 통합적인 메시지를 전할 수 있다. 다만, 광고는 유로로 미디어를 구매해야 한다는 점이 홍보활동에 견주어 가장 큰 차이점이다. 기관의 한정된 예산이나 즉각적인 판매실적을 요구하지 않는 특수성 때문에 잘 사용되지는 않는다. 하지만 홍보/공보 활동과 더불어 사용한다면 시너지효과를 기대할 수 있으므로 기관이 고려할 수 있는 홍보수단 중 하나이다.

### (2) 광고의 매체와 구성

대중에 영향력이 가장 큰 4대 매체는 TV, 신문, 라디오, 잡지가 있다. 시청률(청취율)이나 구독률 등에 따라 광고비에 차이가 있다. 4대 매체 외에 새롭게 등장한 미디어로 인터넷, 케이블 TV 등이 있다. TV는 소리와 영상으로 광고

**표 11-1.** 매체별 장점 및 단점

| 구분 | 장점 | 단점 |
|---|---|---|
| 신문 | – 정기 구독자층이 있어 안정적<br>– 집중보도 가능하며 논리적 설득 가능<br>– 지역별, 섹션별 광고에 적합 | – 신문매체가 많아 별도 접촉 필요<br>– 독자계층 선택이 어려움<br>– 광고의 수명이 짧음 |
| TV | – 시청각 매체로서 집중력이 높음<br>– 여러 계층과 세대에 홍보 가능<br>– 메시지의 집중력이 높음 | – 광고비가 많이 듬<br>– 많은 양의 체계적 정보전달 곤란<br>– 인구통계적 선별 광고 곤란 |
| 라디오 | – 경제적이고 저비용 홍보 가능<br>– 전국적 방송망<br>– 상상력과 감성을 자극하는 홍보 가능 | – 시각적 홍보가 곤란<br>– 광고의 수명이 짧음<br>– 많은 양의 정보전달 곤란 |
| 학회지 | – 전문적인 독자층 확보<br>– 명확한 메시지 전달 가능<br>– 반복된 노출과 매체 재활용성 높음 | – 광범위한 독자층 확보 곤란<br>– 신속한 광고효과 떨어짐<br>– 노출이 쉽지 않아 주목률 떨어짐 |

출처 : 〈화학세계〉 2012년 10월호

**그림 11-5.** 학회지 광고 사례

효과가 크지만 광고비가 상대적으로 비싸고 전달되는 정보의 양이 적은 단점이 있다. 신문은 활자와 사진을 활용한 자세한 정보 전달이 가능하고 구독하는 독자층이 안정적인 장점이 있는 반면 여러 신문을 개별로 다뤄야 하는 단점이 있다. 케이블TV는 전문영역별로 세분화된 시청자를 대상으로 광고효과를 볼 수 있다. 그 외에도 인터넷 환경을 기반에 둔 뉴미디어(IPTV, 모바일, PC)를 활용한 광고가 있다. 뉴미디어를 활용한 광고의 경우 포털사이트의 검색기능을 활용한 검색어 광고가 대표적이며 페이지에 할당된 면에 게재하여 노출시키는 배너광고 등이 주로 쓰인다. 요즘 들어서는 탄탄한 인터넷 보급망, 스마트폰과 무선인터넷의 보급으로 급성장한 소셜미디어(페이스북, 트위터 등)를 광고나 홍보에 활용하는 사례도 늘어나고 있다.

### (3) 취재 제작지원 광고

#### ❖ 협찬, 후원

협찬이나 후원은 비교적 규모가 큰 행사나 TV프로그램, 영화 등에 제작비를 지원하거나 물품, 서비스, 장소 등을 협조해 주고, 제작자 측에서 그 대가로 후원(협찬) 기업 또는 단체의 브랜드나 활동을 직간접적으로 노출하여 홍보 효과를 제공하는 광고활동이다.

#### ❖ PPL광고(제품간접광고)

PPL(Product Placement) 광고는 영화나 드라마, 예능 프로그램 속에 특정 기업의 제품이나 서비스, 장소 등을 포함시켜 간접적으로 해당기업을 홍보해 주고 기업브랜드를 높이는 광고기법이다.

### (4) 옥외 광고

옥외 광고는 전체광고 중 신문, TV 다음으로 많이 쓰인다. 전광판, 광고탑, 현수막, 펜스, 정류장, 지하철 광고판 등 고정 설치 형태의 광고물이 가장 많이 쓰이며, 교통광고 또한 넓은 범주의 옥외광고에 든다. 지하철 광고판 등 고정 설치 형태의 광고물이 가장 많이 쓰이며, 교통광고 또한 넓은 범주의 옥외광고에 든다.

#### ❖ 전광판

전광판은 공공 목적을 위한 광고 내용에 대하여 일정 비율(서울시 20%)만큼 의무적으로 내보내도록 규정되어 있다. 동 규정을 근거로 각 부처의 주요 시책을 매월 15일까지 접수하여 '전광판 정부광고 운영위원회'의 심사를 거쳐 동영상(20초) 5건, 문자(10초) 7~8건의 홍보 시안을 전국의 전광판을 통해 내보내고 있다.

❖ **광고탑, 육교현수막, 버스정류장 등**

옥외광고를 활용하기 위해서는 매체별 해당관청의 허가를 얻어 진행해야 한다.

| 옥외광고 기획 ⇨ 관련매체 임대(임대계약) ⇨ 해당관청 심의 허가 ⇨ 제안서 작성(가시거리, 가시각도 등 촬영, 광고료, 광고기간) ⇨ 광고주승인(계약서작성) ⇨ 도안제작 ⇨ 관청 심의 후 설치 |
|---|

### (5) 교통광고

교통광고는 지하철, 버스, 택시, 기차 등 교통수단을 활용한 광고로, 시민의 일상과 밀접하다는 이점 때문에 지속적으로 성장하고 있다. 지하철 전동차 광고, 버스 택시 래핑광고, KTX열차 내 동영상 광고 등이 있다.

❖ **지하철, 철도**

이용자가 가장 많은 대중교통수단의 하나로, 제한된 공간에 광고를 게재해 주목률을 높일 수 있다. 지하철만 해도 천장걸이형, 출입문 옆 액자형, 창문상단 부착형, 스티커, 와이드 컬러, 스크린도어 등 다양한 방식의 광고가 개발되어 있다.

❖ **버스, 택시**

버스의 외부는 특정 지역을 대상으로 한 타깃 광고에 좋다. 지속적인 반복노출로 지역별 홍보 효과를 높일 수 있다. 택시는 주야간 및 장소를 가리지 않고 운행하므로 주요 지역어디에나 홍보가 가능한 이점이 있다.

### (6) 다중이용시설 광고

공항, 역사, 극장, 야구장, 은행 등 다중이 이용하는 시설을 활용한 광고를 말한다. 건물내부 조형물 광고나 조명광고, 디스플레이를 활용한 영상광고 등이 있다.

### (7) 온라인 광고

#### 1) 인터넷 홈페이지에 붙이는 배너광고

배너광고는 클릭 수나 방문자수, 체류시간 등 광고효과 측정이 쉽고, 쌍방향 소통과 모니터링을 통해 광고의 신속한 갱신과 수정이 가능하다. 멀티미디어적 요소를 활용하여 광고효과를 높일 수 있다. 주로 포털사이트의 지정된 공간에 게재되는 광고로써 이미지나 움직이는 플래시 광고 등 다양한 응용이 가능한 분야로 많은 기업들이 선호하는 광고 방식이다. 배너광고는 클릭 한 회 당 광고비를 지불하는 방식(CPC ; Cost Per Click)과 노출에 따라 광고비를 지불하는 방식(CPM ; Cost Per Millenium)이 쓰인다. CPC방식의 광고는 네이버 클릭초이스, 구글 애드워즈, 오버추어 등이 쓰이고 있으며, CPM방식으로는 네이버 플러스 프로가 대표적이다.

#### 2) 검색어 광고

포털 사이트의 검색엔진을 활용하여 기관을 노출시키는 방식이다. 무료로 등록이 가능하기도 하며, 인기검색어에 따라 입찰 방식이 쓰이기도 한다.

#### 3) 인터넷 광고

매체와 플랫폼이 동일하고 네이버, 다음, 네이트 등 포털 사업자가 광고시장을 주도하고 있지만, 모바일 광고는 애플리케이션과 플랫폼이 분리되었고 모바일 광고 플랫폼이라는 새로운 영역이 창출되고 있는 추세이기 때문에 무궁무진한 성장잠재력을 지니고 있다.

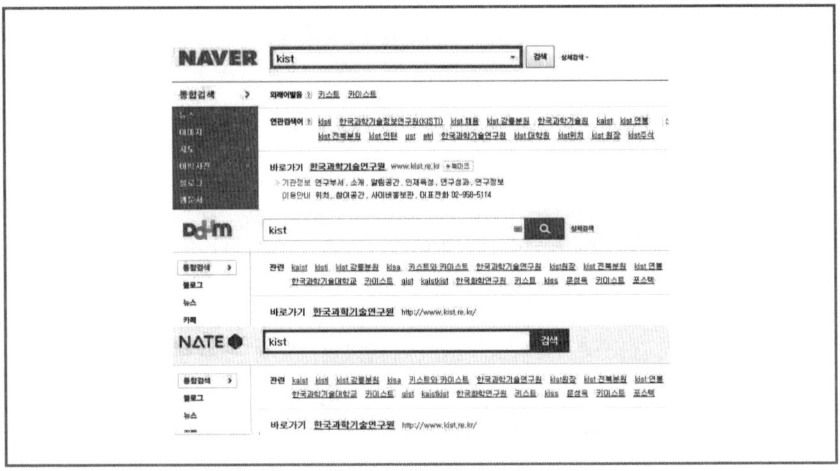


**그림 11-6.** 포털사이트 기관명 검색화면 예시

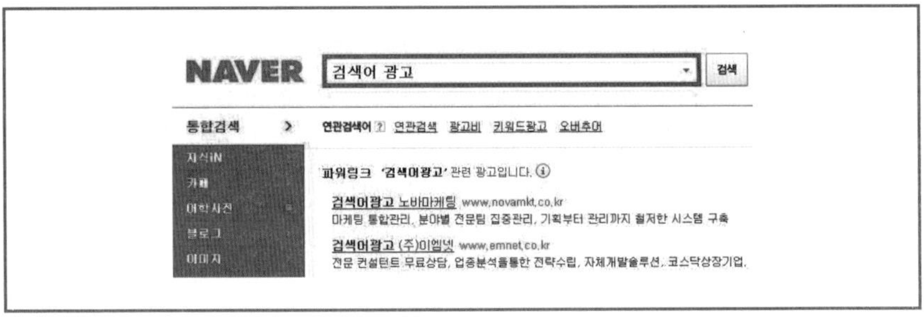


**그림 11-7.** 포털사이트 검색어 광고 예시

## 참고 홍보매체별 광고비용

| 매체명 | 내역 | 금액(천원) | 비고 |
|---|---|---|---|
| 포털 배너 | – 초기화면 배너(Daum기준) 430mm×105mm, 3백만 번 노출 | 10,000 | 위치, 표출횟수, 시기 등에 따라 단가 변동 |
| TV (지상파) | – KBS, MBC, SBS c급~s급(15초 기준) | 615~12,150 | 1회 단가 |
| TV (케이블) | – 월 몇 회 이상 방영, 회당 단가 없음 | 10,000 | 월 단가 |

| 신문 | – 메이저신문(공시가)<br>종합1면(4단×37cm) : 61,060천원<br>경제1면(5단×37cm) : 37,000천원<br>기타면(5단×37cm) : 12,960천원<br>– 경제신문(공시가)<br>7,400~52,725천원 | 12,960~100,000 | 1회 단가<br>(가격협상) |
|---|---|---|---|
| 라디오 | – KBS, MBC, SBS(AM, FM)<br>20초 1일 100회 이상 | 150~1,200 | 1회 단가 |
| LED전광판<br>(옥외) | – 운영시간 : 6~24시(18시간)<br>20초 1일 100회 이상 | 3,600~13,000 | 월단가, 위치에<br>따라 변동 |
| 극장(스크린) | – CGV, 메가박스, 롯데시네마 등<br>수도권 및 전국 주요도시<br>스크린 1일 5회 이상 표출(30초) | 500~4,800 | 월 단가 |
| 시내버스<br>(외부) | – 서울, 부산 등 전국주요 도시 | 640~800(서울)<br>450~500(부산) | 월 단가 |
| 지하철<br>(차내액자형) | – 서울지하철 1~9호선<br>규격 : 52cm×37cm(100개 이상) | 18,000~48,000 | 월 단가(1개당)<br>로 호선별 차이 |
| 지하철<br>(스크린도어) | – 서울지하철 1~4호선 | 3,500~6,000 | 월 단가 |

※ 광고기간, 시기, 크기, 메시지 등에 따라 단가차이가 큼

### 참고 TV공익광고/캠페인 주요내용과 예산

| 구분 | | 주요내용 | 소요예산 |
|---|---|---|---|
| 공익<br>광고 | 기관<br>단독 | – 기관이 원하는 내용을 광고로 제작<br>• 홍보에 가장 효과적이나 비용이 많이 듦<br>• 광고기획 및 제작은 기획사에 의뢰 | – 15억~20억원<br>• 기획/제작 : 1.5억원<br>• 방송사 : 15억원<br><br>※ 광고시간/횟수에 따라 편차가 큼<br>일반적 홍보효과를 기준으로 작성 |
| | 기관<br>+<br>기업 | – 기업과의 관계 설정 · 협의 등이 중요<br>– 사회공헌활동 등 기업과 기관의 이해관계가 일치하는 소재 발굴 필요<br>– 광고 마지막 부분에 기관명 표기 | |

| | | | |
|---|---|---|---|
| 공익<br>캠페인<br>(필러광고) | 기관<br>+<br>방송사 | – 방송사의 필요에 의해 프로그램 사이에 공익캠페인성 광고 방송<br>• 광고 제작을 방송사에서 함으로써 기관의 직접적 홍보가 어려우나 광고 주제 및 내용 등은 방송사와 협의 가능<br>• 방송사에서 방송사의 이름을 걸고 제작하는 캠페인으로 광고 효과가 뛰어남<br>• 광고 마지막 부분에 방송사와 기관이 공동후원 했음을 표기 | – 1편 한달 방영기준<br>– EBS : 6천만원<br>• 기획사 : 2천만원<br>• 방송사 : 4천만원<br>– KBS : 1억원<br>• 기획사 : 2천만원<br>• 방송사 : 8천만원<br><br>※ 방송사에서 영상제작 |

* 필러(Filler) 광고 : KBS와 EBS에서 방송을 진행하다 프로그램들 사이 남는 시간을 메우기 위해 활용하는 캠페인성 광고방송

제12장

# 발행매체를 활용한 홍보

## 1. 정책 및 성과자료집, 논문집

### ❖ 정책자료집의 발간

정책자료집은 정부의 과학기술 정책 동향과, 그러한 정책들의 구체적인 내용들에 대한 분석과 시사점들을 제공한다. 뿐만 아니라 정책에 기반하여 기관에서는 어떠한 연구와 운영활동들을 진행하고 있는지를 소개한다. 이를 통해 일반 대중들이 정부의 과학기술 정책과 구성원이 이행하고 있는 과학기술 동향에 대해서 보다 쉽게 이해하는 것을 목적으로 한다. 국민들의 이러한 알 권리를 충족시켜주기 위해서 정책자료집을 제작하게 된다. 많은 기관에서는 이러한 목적의 정책자료집으로 매년 몇 회 정기적으로 발행하고 있다.

**그림 12-1.** 정책자료집 예시

### 참고 정책자료집 내용구성 예시

- 책자명 : TePRI Report
- 발행 : 매월 1회
- 내용 : 정부나 해외의 과학기술정책 동향 소개 및 기관의 최신 연구실적과 기관 소개
- 분량 : 40페이지 내외
- 형식 : 인쇄물
- 각 항목 소개와 세부 내용

| 대항목 | 소항목 | 주요내용 |
|---|---|---|
| TePRI 포커스 | | 국가 과학기술 정책 동향에 대해 전반적으로 살펴봄 |
| TePRI가 만난 사람 | | 연구소 내 주요 연구자 소개 |
| Part 1. 이슈 분석 | | 핵심 국가정책들에 대한 세부 분석 |
| Part 2. 과학기술 동향 | 1. 주요 과학기술 정책 | 국가 주요 과학기술 정책 세부내용 분석 |
| | 2. 월간 과학기술 현안 | 국가 과학기술 정책 시행 등 동향에 대한 월간 정보 |
| Part 3. TePRI 라운지 | 1. TePRISM | KIST에서 개발한 기술에 대한 세부적인 정보 제공 |
| | 2. 신규 보고서 | 해당 월에 발행된 타 연구기관 보고서 리뷰 |
| | 3. TePRI WIKI | 최근 이슈가 되고 있는 과학기술계 용어 설명 |

#### ❖ 성과자료집의 발간

성과자료집은 기관의 연구개발의 산물이나 일련의 과업의 실적을 축적하고, 이를 대내외에 홍보하여 기관이 보유한 기술에 대한 이해도를 높이기 위해서 제작한다. 제작하는 기간 동안의 주요 논문 성과들을 자료집 형태로 제작함으로써 역사물로서도 중요한 의미를 가지고 있다. 성과자료집은 성과 중 주로 논문 실적을 중심으로 제작하게 되는데, 성과자료집의 제작 절차는 다

음과 같다. '성과관리팀에서 성과취합 → 자료집 제작을 위한 운영위원회 회의 소집 → 우수 논문자 자료 집필 → 자료 취합 및 제작 → 발행' 순으로 제작한다. 이 때 성과자료집에 실리는 논문들에 대한 심사 기준을 명료하게 제시하기 위해 논문의 중요도를 판단하는 정량적 지표인 I.F(Impact Factor) 등을 활용하거나, 각 연구소별 편집위원을 선정하여 이들을 통해 선발하는 과정을 통해 우수 논문 선발에 대한 전문성을 확보할 수도 있다. 이렇게 발행된 성과자료집은 국내 대학, 연구원 등 기관뿐만 아니라 해외에도 온라인 매체로 제작(e-book)하여 제공할 수도 있다.

---

**참고 성과자료집 내용구성 예시**

- 책자명 : KISToday
- 발행 : 반기별 1회(4월, 10월)
- 내용 : 주요 논문 및 성과 요약집(영문)
- 형식 : 인쇄물, e-book
- KISToday의 각 코너 소개

| 목차 | 주요내용 |
|---|---|
| Foreword | 인사말(최근 과학기술 연구 동향 소개) |
| 각 연구부문별 논문(총 3개 부문)<br>– Bio/Medical<br>– Materials/Systems<br>– Energy/Environment | 각 부문별로 Technical Review 1개,<br>Feature Article 3개로 이루어져 있음. |
| Research Highlight | 주요 연구성과 개략적인 소개<br>(Technical Review, Feature Article 외) |
| KIST News | 기관에서 개최한 행사 및 일정 안내 |
| A Sign of Times | 기관 역사에서 주요 연구소, 분원 등의 소개 |
| Interview | 주요 성과들에 대한 임직원 인터뷰 |

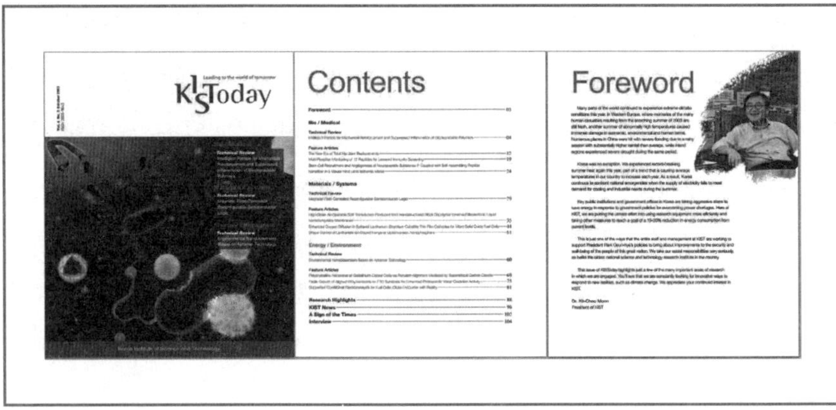


그림 12-2. 영문 성과자료집 예시

## 2. 소식지 및 뉴스레터

### ❖ 소식지 발간

소식지는 기관의 업무 성과뿐만 아니라 기관에서 개최하는 행사, 내부 구성원들의 소개 등 다양한 컨텐츠들을 소개할 수 있어 기관 이미지를 보다 친숙하게 알리는데 유용하다. 이 때 컨텐츠 구성을 다양화하여, 다양한 사회 계층들의 사람들로 하여금 연구원 소식들에 대한 호기심 유발과 친밀도 상승 등의 효과를 기대해볼 수도 있다. 따라서 소식지의 특징들은 다른 사람들로 하여금 기관에 대한 호기심과 관심도를 높이고, 기관 이미지를 보다 친숙하게 접근할 수 있도록 하는 장점이 있으며 다른 한편으로는 기관 내부 구성원들 간 소통의 장을 제공함으로써 조직원들 간 친목을 도모하고 커뮤니케이션을 활성화하는데 기여할 수 있다.

---

**참고 소식지 내용구성 예시**

- 책자명 : KISTREE
- 발행 : 분기별 1회(4월, 7월, 10월, 1월)

- 내용 : 기관의 업무 성과, 기관에서 개최하는 행사, 내부 구성원들의 소개 등
- 형식 : 인쇄물
- 대상 : 본원에서 현재 근무하거나 근무했던 구성원, KISTREE 구독을 희망하는 일반 독자
- KISTREE의 각 코너 소개

| 대항목 | 소항목 | 주요내용 |
|---|---|---|
| Cover Story | 책상이야기 | 기획 코너로 운영. 직원들의 책상 아이템과 일상 조명 |
|  | KIST의 숨은 얼굴을 찾아라 | 기획 코너. KIST를 돕고 있는 분들을 조명 |
|  | KIST人의 생각 | KIST인들에 대한 설문조사 실시 |
| Think Forward | 상상이상, KIST | 기관에서 발표된 주요 연구성과 소개. 보도 자료 및 기사화된(될) 내용에 바탕 |
| Act Global | KIST, 기네스 | KIST인들의 일상 중 흥미로운 습관이나 연구 뒤에 감춰진 임직원 및 일상들을 조명 |
| Work Together | 생생&통통 체험현장 | KIST에서 진행하는 행사들을 집중조명 |
|  | KIST 기네스 | KIST의 진기명기, 재미있는 사람이나 행사를 취재 |
| KIST NOTE | 오픈 라운지 | KIST 사내기자 컨텐츠로 구성 |

### ❖ 블로그 및 온라인 뉴스레터의 발간

**그림 12-3.** 소식지 표지 예시

블로그는 소식지와 동일한 컨텐츠를 다루되, 그 제작 기반을 온라인에 두고 있는 차별성을 띠고 있다. 따라서 온라인 성격상 컨텐츠 표현상에 보다 큰 자유도가 주어지고(동영상 제작), 제약조건이 인쇄매체보다 완화된 특징(사진 자료 제공 등)을 가진다. 특히 최근에는 초고속 이동통신 규격인 LTE망과 무선인터넷의 보급을 바탕으로 태블릿 PC와 스마트폰 사용이 활발해지면서, 다양한 플랫폼과 기기를 통해 블로그 및 온라인 뉴스레터의 접근이 가능해졌다.

---

**참고 한국과학기술연구원의 블로그 및 뉴스레터 내용구성 예시**

- 제목 : KISTory
- 제작 배경 : 다각적 홍보 채널을 통한 소통하는 연구소 자리매김
- 목적 : 기관 소식 및 연구 활동 동향 등을 이메일로 발송하여, 과기부 등 외부 주요고객 및 내부직원들 에게 일대일 홍보
- 주요내용 : 기관소식 및 기관 업무성과, 부서탐방, 기관 내부 및 동문 인물 인터뷰 등 콘텐츠 기획 및 취재, 기사작성, 웹디자인 제작
- 개요

| 구분 | 세부내용 |
|---|---|
| 운영기간 | • 계약 일부터 12개월(총 12회 뉴스레터 발간) |
| 발간주기 | • 월 1회 뉴스레터 발송, 블로그 리뉴얼(연1회, KIST 논의 후) |
| 소식지 제작방안 | • 내 · 외부 소통의 중심, 'KISTory' 과학문화확산의 구심점<br>• 오프라인소식지 'KISTree'와 연계, 블로그를 통한 통합운영<br>• KIST 보유DB |
| 홍보대상 | • 내 · 외부 소통의 중심, 'KISTory' 과학문화확산의 구심점<br>• 오프라인소식지 'KISTree'와 연계, 블로그를 통한 통합운영<br>• KIST 보유DB |
| 서비스 운영방안 | • 블로그 초기 리뉴얼 진행<br>(코너재구성, 디자인 개편 등－논의 후) |
| | • 기획콘텐츠 디자인 및 업데이트(기획기사 2건/과학뉴스 포함) |

---

## 3. 학회지 및 논문 발표

### ❖ 학회지 발표 관리

연구원에서 연구자들은 학회 발표나 논문 게재를 통해서 개별 연구실적이나 연구성과를 발표하게 된다. 이러한 대외적인 연구성과들은 각 연구자들이 개별적으로 진행하기 쉬우며, 기관의 홍보부서에서도 모든 연구자들을 개별 통제하지 않는 한 관리하는데 한계가 존재한다. 주로 연구원의 연구성과는 관리하는 부서에서 취합을 한다. 특히 논문 발표 실적들은 별도로 Impact Factor나 편집위원들의 심사를 거쳐 선정한 우수 논문들에 대해 성과자료집과 연계하여 처리하는 것이 좋다. 사이언스지, 셀지 등 해외 유수 논문 발표는 해당 저널사이트를 통해 게제되며 홍보담당부서는 엠바고 일정을 참고하여 국내 보도자료를 배포한다. 홍보담당자는 매월초 등 정기적으로 국내외 우수학회에 게제될 예정 정보를 취합한다.

**Note 학회 논문 발표 및 홍보사례**

신경과학연구단 A박사는 사이언스지에 제출한 논문이 10월말에 게제 예정임을 알게되었고 홍보팀에서 요청한대로 계속 모니터링하며 홍보팀과 언론보도를 준비하였다. 해당 논문주제는 사회적 으로도 중요한 이슈였고 학문적으로도 우수성이 인정되는 사안으로서 홍보팀은 연구자와 협조하여 연구성과를 독자들이 잘 이해할 수 있도록 CG홍보물을 제작하고 보도자료도 가급적 쉽게 준비하였다. 해외 게제 시점에 맞춰 기자단 성과브리핑 진행하였으며 결과적으로 KBS 등 메이저 방송 뿐아니라 국내 주요신문에 보도되는 홍보 성과를 얻었다.

## 4. 브로슈어, 팸플릿, 리플릿, 포스터, 책자 등

❖ **홍보 인쇄물 제작**

기관 홍보 인쇄물은 기관의 설립 목적, 운영 개요 등을 목적으로 크게는 브로슈어, 팸플릿, 포스터 그리고 발송용 DM 등을 제작한다. 또는 특별한 연구성과나 특정한 인물을 기리기 위한 목적으로 별도의 책자들을 제작하기도 한다. 다양한 홍보 인쇄물은 각각의 쓰임새와 담겨진 내용이 다르기 때문에 홍보담당자는 상황에 따라 시기적절한 활용을 한다.

### (1) 브로슈어

- 브로슈어는 기관의 고유한 본질적인 내용을 홍보하기 위한 자료로서, 시기 변화에 따른 연혁, 기관장 변화, 조직 변화와 같은 일반적인 내용을 다룬다.
- 브로슈어의 제작 시기는 매 기관장 교체와 그에 따른 조직의 구조 개편 시 제작하거나, 특별히 기관장이나 홍보 실무자의 결단에 따라 기관장 승인 하에 진행한다.
- 대체로 12페이지 이상의 책자 형태로 된 고급형 인쇄물을 말한다.

### (2) 팸플릿

- 팸플릿은 기관의 일반적인 정보를 기재하기 보다는, 기관에서 주최하는 다양한 행사들에 대한 정보를 담는 경우가 일반적이다. 제작하는 페이지는 3~6페이지 분량으로 제작한다. 각 행사들의 특징들에 따라 각기 다른 형태의 디자인으로 제작하는 경우가 일반적이다.

### (3) 리플릿

- 리플릿은 1장짜리로 제작하는 소형 전단지라고 생각할 수 있다.

**표 12-1.** 홍보 인쇄물 별 주요 컨텐츠 및 활용 목적

| 구분 | 주요 컨텐츠 및 활용목적 |
|---|---|
| 브로슈어 | – 기관 개요, 비전, 연혁, 주요 업무계획, 주요 정책 등<br>– 기관의 소개를 주요 목적으로 함 |
| 팸플릿 | – 정책의 전반적인 내용을 담거나 큰 틀에서의 홍보 내용<br>– 정책에 대한 자세한 설명이나 사례별 활용 |
| 리플릿 | – 세부적인 정책과 같이 작은 단위의 홍보 내용<br>– 낱장 형태로 제작해 집적적인 홍보 |
| DM (Direct Mail) | – 정책 관련자들을 대상으로 정책에 대한 소개나 행사 일정 등 소개 |
| 포스터 | – 정책 중에서도 사안별로 집중 홍보가 필요한 내용<br>– 정책 관련 행사 소개 등에 활용 |

### (4) 포스터

– 포스터는 1장짜리로 제작하는 것이 리플릿과 동일하나, 보다 큰 종이에다가 제작하며 연구기관의 정책이나 기관이 주체하는 행사들을 소개하는 하나의 이미지를 담는 경우가 일반적이다. 포스터는 개인들에게 나눠주는 용도가 아닌 지정된 장소에 부착하는 형태로 운영하는 경우가 일반적이다.

## 5. 홍보영상물/기타 홍보물

### (1) 홍보영상물

홍보영상물(PR film)은 부처나 원의 주요 정책을 홍보하기 위해 제작하는 5~10분 내외의 영상물로 일반 공중 및 주요 귀빈 방문 시 상영하거나 배포할 목적으로 비디오, DVD File 형태로 제작한다.

홍보하고자 하는 내용을 집약적으로 시각화해 원의 소개 및 정보를 제공할 수 있고, 이해도와 신뢰성을 높일 수 있다. 구체적이고 정확한 설명과 전달이 가능해 매우 효과적이나 제작비에 대한 부담이 있다.

### ❖ 영상물 제작순서

영상물 제작의 단계는 크게 초반작업, 영상제작, 후반작업 세 가지로 이루어진다.

**표 12-2.** 영상물 제작순서

| 단계 | 주요내용 | 주체 |
|---|---|---|
| 초반작업 (Pre-production) | 제작의뢰 → 자료조사 → 주요콘셉트 설정 및 구성 → 대본작업 → 장소 헌팅 및 출연자 섭외 | 의뢰기관, 용역업체 |
| 영상제작 (Production) | 리허설 → 촬영 → 컴퓨터그래픽(CG)작업 | 용역업체 |
| 후반작업 (Post-production) | 가편집 → 종합편집 → 성우더빙 → 사운드믹싱 → 시사 | 용역업체 |

### ❖ 종류별 타깃과 목적

**표 12-3.** 홍보물 종류별 배포대상 및 목적

| | 구분 | 배포대상 | 활용목적 |
|---|---|---|---|
| 동영상 | 홍보 비디오, DVD(국/영문) | 일반 공중 및 귀빈 | 홍보용으로 상영 및 배포 |
| | 어린이 홍보 영상 | 13세 이하 어린이 | 홍보용으로 상영 및 배포 |
| | VNR (Video News Release) | 방송 매체, 온라인 매체 | 보도 자료 내용, 연구 성과 동영상 제작 배포 |
| 파일 | 온라인 동영상 | 온라인 매체 | 온라인 매체에 제공 및 배포 |
| | 모바일 동영상 | 모바일 매체 | 모바일 업체나 통신사에 제공 |

## 참고 홍보영상물의 예시

〈기관 소개 PPT영상〉

〈기관 CF〉

〈어린이를 위한 영상〉

〈기관 홍보영화〉

### (2) 기타 홍보물

이벤트나 캠페인, 전시 등 행사에서 참가자들에게 홍보용 기념품을 제공함으로 홍보효과를 높일 수 있다. 홍보용 기념품은 전단지 같은 홍보인쇄물과 함께 제공하는 것이 좋으며, 행사 성격에 맞는 제품을 전달해 참여도와 홍보효과를 높이는 전략이 필요하다.

#### ❖ 부착물

차량용 카드/스티커, 배지, 로고 라벨지 등

#### ❖ 홍보기념품

– 사무용품 : 기념사진첩, 달력, 다이어리, USB, 연필, 마우스패드, 명함

케이스, 메모지, 자, 줄자 등

– **생활용품** : 비누, 수건, 쿠션, 담요, 거울, 휴대폰 액정 클리너, 휴대폰 전자파 차단 금박, 마트용 카트사용 동전기, 전자동 데스크 클리너, 휴대용 전자시계, 우산, 지갑 벨트 세트, 에코백, 여권지갑, 스카프, 넥타이, 손목시계, 넥타이 핀, 티셔츠, 체육복, 모자 등

– **주방용품** : 머그컵, 수저세트, 주석 맥주컵 등

연구기관의 언론홍보 전략

# 제4부
# 안정적 홍보를 위한 관리

13. 언론 위기관리 대응
14. 기사 발굴 · 축적 활용
15. 직원 미디어 트레이닝
16. 홍보가치의 평가관리

제13장

# 언론 위기관리 대응

## 1. 언론위기란?

언론의 위기는 언론 보도로 인해 기관의 이미지에 타격을 입게 되거나 입게 될 개연성이 있는 상황을 말한다. 위기는 천재지변, 내부 및 외부 이해관계, 노사문제, 위험물질 유출, 화재 등의 다양한 방법을 통해 기관에 부정적 영향을 미칠 수 있다. 이는 위기가 시기와 시간을 예측할 수 없고, 상황은 급속하게 전개되며 특종을 놓친 기자들의 사건에 대한 사실과 원인에 대한 예측에 대한 후속 기사가 양산될 가능성이 높기 때문에 항상 만반의 준비를 하여 대응할 수 있어야한다. 과거 '쓰레기 만두' 파동이 일었을 때는 다소 선동적인 여론몰이에 의해 정상적인 제조과정을 거쳤던 만두제조 업체들까지 매출이 하루 최고 90% 감소하였고 130개 만두업체 모두 폐업위기에 직면한 피해를 입었던 사례를 보면 언론의 영향력과 그 파괴력에 대해 잘 알 수 있을 것이다. 또한 공업용 우지를 라면제조과정에 사용했다고 대서특필되었던 라면회사는 8년이나 걸린 재판에서 무죄를 선고받았지만 업계 1위 자리를 내주어야 했고 시장점유율은 지금까지도 회복되지 않고 있다. 사실 여부와 관계없이 공중들이 문제로 인식하게 될 경우 기관의 위기상황은 전개된다. 때문에 언론위기에 대한 관리는 평소에 언론홍보활동 및 사회공헌활동 등으로 우호적인 언론관계를 쌓는 것이 중요하고 위기가 닥쳤을 때를 대비한 매뉴얼 및 체크리스트를 작성해 놓아야한다.

## 2. 언론위기의 유형별 대응

언론위기에는 여러 유형이 있지만 몇 가지로 간략히 구분해 볼 수 있는데, 부정적 보도취재 시도, 기자단과의 관계 악화, 보도 전 악성가판 기사 배포, 언론의 오류보도 등이 있다.

### (1) 부정적 보도취재 시도 대응

부정적 보도취재는 많은 경우 실제 기관에서 취재의 실마리를 제공하는 경우가 많다. 감사원 감사결과나 국정감사 결과, 관련기관의 조사로 인해 치명적인 지적을 받고 이러한 내용이 언론을 통해 흘러간 경우이다. 이러한 취재는 기관의 입장에서는 일단 원천적으로 막는 것이 최선이다. 그러나 취재를 막기가 곤란한 경우가 많은데 기관에 대한 이해가 적은 사회담당이나 경제담당 기자로부터 취재요청이 오는 경우 더욱 어려운 상황이 초래된다. 이런 징후가 포착될 경우 효율적 대응을 위해 홍보부서과 해당부서가 공동대응팀을 만들고 대언론 관계는 홍보부서로 채널을 단일화하는 것이 좋다. 기자들이 내용을 잘 알 경우, 사실관계에 대한 간명한 해명으로 추가적인 확대취재가 되지 않도록 해야 하며 오해로부터 생긴 결과라면 사실근거를 갖고 명확하게 대응할 필요가 있다. 기자의 과잉보도를 방지하기 위해 취재의 목적과 방법을 정해 취재를 최소화 하도록 노력해야 한다. 보도취재에 대한 시간적 압박으로 기자는 홍보부서를 피해 담당자를 직접 접촉하여 자신의 의도대로 취재하는 경우가 많기 때문이다. 심지어 카메라를 숨겨서 취재하는 경우도 있을 수 있으니 각별한 주의가 필요하다. 평소 이러한 내용은 언론미디어 교육 등을 통해 직원들에게 평소 상기시킬 필요가 있다. 홍보부서는 대응과정에서 가급적 출입기자를 통해 적극적으로 해당기자 및 상급기자에게 해명하는 노력이 필요하다.

### (2) 기자단과의 관계악화 대응

기자단과의 관계가 악화 되는 경우는 대부분 이유가 있다. 평소 취재에서 낙종하거나 편파적인 취재제한, 눈에 보이는 소원한 관계도 해당 기자에게는 불만의 원인이 되고 관계악화와 편파적인 보도로 이어지게 된다. 홍보담당자는 평소 출입기자에게 이러한 불만이 없는지 주의 깊게 살피고 해소하는데 노력해야 한다. 해당 기자가 평소 관심 있어 할 만한 분야의 기사를 발굴하여 제공하거나 관심을 보여주므로 해서 관계는 서서히 좋아질 수 있을 것이다.

### (3) 보도 전 악성가판 기사 배포

부정적 보도취재나 일방의 언론 플레이로 인해 해당기관에 대한 악성기사가 가판으로 뜨는 경우가 있다. 최근에는 가판이 인터넷판 기사로 대체되어 쉽게 확인이 가능하다. 홍보담당자는 3시에서 6시경까지 인터넷판에 해당기관의 기사가 뜨는지 수시로 모니터링 할 필요가 있다. 인터넷판 기사는 제목부터 자극적이어서 그대로 지면에 나갈 경우 기관 이미지에 큰 타격을 받을 수 있다. 인터넷판 기사가 게재된 이후 고칠 수 있는 시간이 많지 않다. 대부분 기사가 확정되기 전 2~3시간 안에 해결을 봐야하는 경우가 대부분이어서 가장 효율적인 채널을 통해 확실하게 대응하는 것이 필요하다. 우선 출입기자를 통해 문제제기를 하고 가능하면 편집권을 갖은 책임자를 통해 근거를 갖고 해명하는 적극적인 노력이 필요하다.

---

**이야기 窓 홍보 담당자의 말**

"저녁 6시 30분 쯤 기사를 인터넷에서 발견했습니다. 이미 4년 전 해결된 노조인건비 지원 문제를 다른 기관과 싸잡아서 보도한 내용이었습니다. '신의 직장', 공기업 노사 '신들린 유착'이란 제목으로 기관의 이름이 같이 보도되었지요. 놔두면 다음날 지면에 보도될 상황이었지요. 사회부 담당기자와 통화를 시도했으나 연결이 되지 않아 발을 동동 구르고 있었지요. 어쩔 수 없이 데스크에 전화를 했더니 몇 번의 시도 끝에 받더군요. 사정얘기와 관련자료를 제시하고 공방 끝에 기관 이름을 빼게 됐습니다. 다음날 보니 그 기사가 1면에 떴더군요. 물론 저희 기관은 빠져있었습니다. 식겁했지요. 합리적으로 처리해 준 데스크에도 고마웠습니다. 좋은 기사 하나 나온 것보다 오보를 막고 기관 이미지의 실추를 피할 수 있어서 좋았고 너무 흐뭇했습니다."

---

### (4) 언론의 오보의 사후 대응

#### ❖ 목적과 취지

언론이 사실과 다른 보도로 국민이 기관에 대해 잘못된 인식을 갖게 할 우려가 있을 때 해당기관은 행정적·법적 조치를 통해 이를 바로잡고자 하게 된다. 보도에 대한 올바른 입장을 밝히고, 정확한 정보를 제공해 국민의 오해를 불식 시키는데 있다.

#### ❖ 언론위기의 사후 대응 유형

언론보도로 인한 피해의 구제 방법은 언론중재위원회에 정정보도나 반론보도, 추후보도, 손해배상청구 등의 조정 및 중재신청을 하는 방법과 법원에 손해배상 청구 등 민사소송을 제기하는 방법, 그 밖에 검찰이나 경찰에 형사고발하는 방법 등이 있다. 언론중재위원회를 통한 조정 및 중재신청에는 언론사가 스스로 기사내용이 잘못되었음을 밝히는 정정보도청구, 해당 언론사에 반론보도문을 게재해 줄 것을 요구하는 반론보도청구, 혐의가 없음이 드러났을 때 기관의 잘못이 없음을 요구하는 추후보도청구, 언론보도로 인하여 피해가 발생한 경우 피해배상을 요구하는 손해배상 청구가 있다. 정보통신망을 통한 피해에 대해서는 소명하고 해당 내용의 삭제나 반박내용 게재를 요청할 수 있다.

① 사실이 아닌 허위보도 대응

정정보도 요구를 통해 사실이 다름을 밝히도록 한다. 언론사에 직접 공문 발송 및 정정보도 요청자료를 배포한다. 안될 경우 언론중재위원회에 조정 · 중재 신청하거나 법원에 소송을 제기하는 방법 등이 있다.

**② 과장 · 편파 · 왜곡보도 대응**

반론보도를 취하게 되며, 사실적 주장에 관하여 한쪽 주장만을 일방보도하거나 사실을 그릇되게 과장해 보도하는 경우, 전체 사실 중 부정적인 면 일부만을 부각하는 경우, 확정되지 않은 사안을 사실인 것처럼 보도하는 경우에 해당된다.

**③ 근거 없는 보도 대응**

해당언론사에 주의를 촉구하거나 반론기고를 싣도록 요청한다. 심각한 사안일 경우 반론보도를 요청하여 바로 잡게 한다. 각종 루머에 대해 무책임하게 보도하거나, 제3자 발언을 인용하여 비판, 개인에 대한 허위사실을 유포하는 등 사실적 주장을 입증하기 어려운 경우도 과장 · 편파 · 왜곡보도에 해당한다. 개인에 대한 사안일 경우 명예훼손에 따른 소송 및 손해배상을 청구하는 등 법적인 소송으로 비화하기도 한다.

**Note 잘못된 언론보도에 대한 대응 유형**

| 대응유형 | 대응목적 | 방법 |
|---|---|---|
| 정정보도 청구 | 사실과 다른 보도 내용 정정 | 언론사 직접요청<br>⇨ 정정/반론보도 요청공문 발송<br>언론중재위원회 조정신청<br>⇨ 중재신청, 소송제기 |
| 반론보도 청구 | 사실적 주장의 보도에 대한 반론 | |
| 손해배상 청구 | 인격권 등 침해에 대한 회복조치 | 언론중재위원회 조정신청<br>⇨ 중재신청, 소송제기 |
| 해명요청 | 해명을 통한 정확한 사실정보의 제공 | 보도 해명자료 배포 |
| 주의 촉구 | 언론의 의견, 비평보도에 대한 입장 표명 | 언론 또는 정부매체에 반론 기고 |

※ 언론중재위원회는 현직 부장판사, 변호사, 언론인, 언론학 교수 등 5명의 중재위원으로 구성된다. 언론의 보도를 심의하여 기사의 내용이 개인적, 사회적, 국가적인 법익을 침해한다고 판단하면 해당 언론사에 시정을 권고할 수 있는 준사법적 기관이다.

### 홍보담당자의 잘못된 언론보도에 대응하는 절차

※ 사실왜곡 · 확대 보도 시 대응절차

| | |
|---|---|
| 1단계 | 언론사 항의전화, 방문 및 공문 발송 |
| 2단계 | 언론중재위원회 제소(중재 신청) |
| 3단계 | 법원 심판청구(반론보도, 정정보도, 추후보도, 손해배상 청구소송) |

※ 언론 중재신청 절차

– 언론중재신청을 하려면 신청인과 피신청인 사이에 언론중재위원회의 결정에 따르겠다는 중재합의가 이루어져야하고, 해당 보도가 있음을 안 날로부터 3개월 이내, 보도가 있은 후로부터 6개월 이내에 중재신청을 해야 한다. 다만, 추후보도 청구는 형사 절차가 무죄 또는 무혐의로 종결된 사실을 안 날로부터 3개월 이내에 해야 한다. 중재절차는 신청인이 중재신청서를 제출한 날부터 시작되고 언론중재 심의과정은 14일 이내에 비용 없이 신속하게 이루어진다. 또한, 언론중재위원회는 소송 이전 단계에서 양 당사자가 절충할 기회를 줌으로 양보와 타협을 통해 원만한 해결점을 찾는 성격을 갖는다. 언론조정 및 중재절차는 비공개로 진행되고 변호사 선임 없이 당사자가 직접 주장할 수 있다.

## 참고 언론중재신청서 양식

<table>
<tr><th colspan="5">언 론 중 재 신 청 서</th></tr>
<tr><td>청구명</td><td colspan="4">(□정정보도 □반론보도 □추후보도 □손해배상) 청구</td></tr>
<tr><td rowspan="3">신청인</td><td>성명 또는 단체명</td><td></td><td>대표자 성명<br>※단체인 경우</td><td></td></tr>
<tr><td>주소 또는 소재지</td><td></td><td>주민등록번호<br>또는 사업자번호</td><td></td></tr>
<tr><td>전화번호</td><td></td><td>E-mail</td><td></td></tr>
<tr><td rowspan="2">피신청인</td><td>성명 또는 법인명</td><td></td><td>대표자 성명<br>※법인인 경우</td><td></td></tr>
<tr><td>주소<br>※ 법인인 경우<br>주된 사무소의<br>소재지</td><td></td><td>연락처</td><td></td></tr>
<tr><td rowspan="4">중재 대상</td><td>매체명</td><td colspan="3"></td></tr>
<tr><td>보도일자</td><td colspan="3"></td></tr>
<tr><td>보도면/보도시간<br>※ 포털사이트 및<br>언론사닷컴의 경우<br>인터넷 주소(URL)도<br>함께 기재 요망</td><td colspan="3"></td></tr>
<tr><td>보도가 있음을 안 날</td><td colspan="3"></td></tr>
<tr><td>중재신청취지</td><td colspan="4">※ 별지 작성</td></tr>
<tr><td>중재신청이유</td><td colspan="4">※ 별지 작성</td></tr>
<tr><td colspan="5">「언론중재 및 피해구제 등에 관한 법률」 제24조 제1항 규정에 의하여 위와 같이 중재를 신청합니다.<br>년 월 일<br>신 청 인 : (서명 또는 인)<br>언론중재위원회 위원장 귀하</td></tr>
<tr><td colspan="4" rowspan="2">구비 서류 :<br>1. 당사자 간 중재합의를 입증하는 서면<br>2.중재대상 표현물의 사본<br>※인쇄매체, 인터넷신문 및 통신의 경우 보도기사의 전문<br>인터넷뉴스서비스 및 인터넷 멀티미디어 방송의 경우 매개기사의 전문<br>영상매체(TV 등)의 경우 녹화물과 녹취록<br>라디오의 경우 녹음과 녹취록</td><td>수수료</td></tr>
<tr><td>없음</td></tr>
</table>

출처 : 언론중재위원회 홈페이지

## 정보의 삭제 요청 등에 관한 법률

정보통신망 이용촉진 및 정보보호 등에 관한 법률

제5장 정보통신망에서의 이용자 보호 등〈개정 2007. 1. 26〉

제44조의2(정보의 삭제요청 등)

① 정보통신망을 통하여 일반에게 공개를 목적으로 제공된 정보로 사생활 침해나 명예훼손 등 타인의 권리가 침해된 경우 그 침해를 받은 자는 해당 정보를 취급한 정보통신서비스 제공자에게 침해사실을 소명하여 그 정보의 삭제 또는 반박내용의 게재(이하 "삭제 등"이라 한다)를 요청할 수 있다.

② 정보통신서비스 제공자는 제1항에 따른 해당 정보의 삭제 등을 요청받으면 지체 없이 삭제·임시조치 등의 필요한 조치를 하고 즉시 신청인 및 정보게재자에게 알려야 한다. 이 경우 정보통신서비스 제공자는 필요한 조치를 한 사실을 해당 게시판에 공시하는 등의 방법으로 이용자가 알 수 있도록 하여야 한다.

③ 정보통신서비스 제공자는 자신이 운영·관리하는 정보통신망에 제42조에 따른 표시방법을 지키지 아니하는 청소년유해매체물이 게재되어 있거나 제42조의2에 따른 청소년 접근을 제한하는 조치 없이 청소년유해매체물을 광고하는 내용이 전시되어 있는 경우에는 지체 없이 그 내용을 삭제하여야 한다.

④ 정보통신서비스 제공자는 제1항에 따른 정보의 삭제요청에도 불구하고 권리의 침해 여부를 판단하기 어렵거나 이해당사자 간에 다툼이 예상되는 경우에는 해당 정보에 대한 접근을 임시적으로 차단하는 조치(이하 "임시조치"라 한다)를 할 수 있다. 이 경우 임시조치의 기간은 30일 이내로 한다.

⑤ 정보통신서비스 제공자는 필요한 조치에 관한 내용·절차 등을 미리 약관에 구체적으로 밝혀야 한다.

⑥ 정보통신서비스 제공자는 자신이 운영·관리하는 정보통신망에 유통되는 정보에 대하여 제2항에 따른 필요한 조치를 하면 이로 인한 배상책임을 줄이거나 면제받을 수 있다.

[전문개정 2008. 6. 13]

제44조의3(임의의 임시조치)

① 정보통신서비스 제공자는 자신이 운영·관리하는 정보통신망에 유통되는 정보가 사생활 침해 또는 명예훼손 등 타인의 권리를 침해한다고 인정되면 임의로

임시조치를 할 수 있다.
② 제1항에 따른 임시조치에 관하여는 제44조의2제2항 후단, 제4항 후단 및 제5항을 준용한다.
[전문개정 2008. 6. 13]

## 3. 부정적 언론보도 대응매뉴얼 운영 예시

### (1) 상황

기관의 명예/이미지 실추, 항의를 받을 수 있는 언론취재 및 보도

### (2) 중점

명확한 상황파악을 통한 신속한 초동조치 및 대책강구

### (3) 상황 조치절차

보도상황을 인지했을 때, 관련사실에 대한 판단 후에 초동조치 과정을 거친 후, 언론에 대한 대책반을 소집한다. 이 시점에서 민감하고 밝히기 어려운 문제일 경우에는 언론에 사실여부를 공개할 것인지 공개하지 않을 것인지에 대한 결정이 이루어진다. 공개하지 않을 것이라면 모니터링을 지속하며 판단을 보류할 것이고, 공개한다면 현장취재로써 대응할 것인가 아니면 보도 자료를 통해 현장 취재를 허용하지 않을 것인지 정해야한다. 기자실을 설치하여 현장 취재를 허용하든 단순 보도 자료만 제공하여 기자 브리핑을 실시하든 그 결과는 조치를 취한 다음 보도내용을 모니터하고 공식적인 기관의 입장을 반영한 보도 및 사실왜곡이나 과장 없이 보도할 수 있도록 꾸준히 모니터링을 진행해야할 것이다. 만약 그 과정에서 왜곡이나 과장하는 언론사가 있다면 언론중재위원회를 통해 조정하거나 사법기관을 통한 제재를 요청하는 등의 분명한 입장표명을 해야 한다.

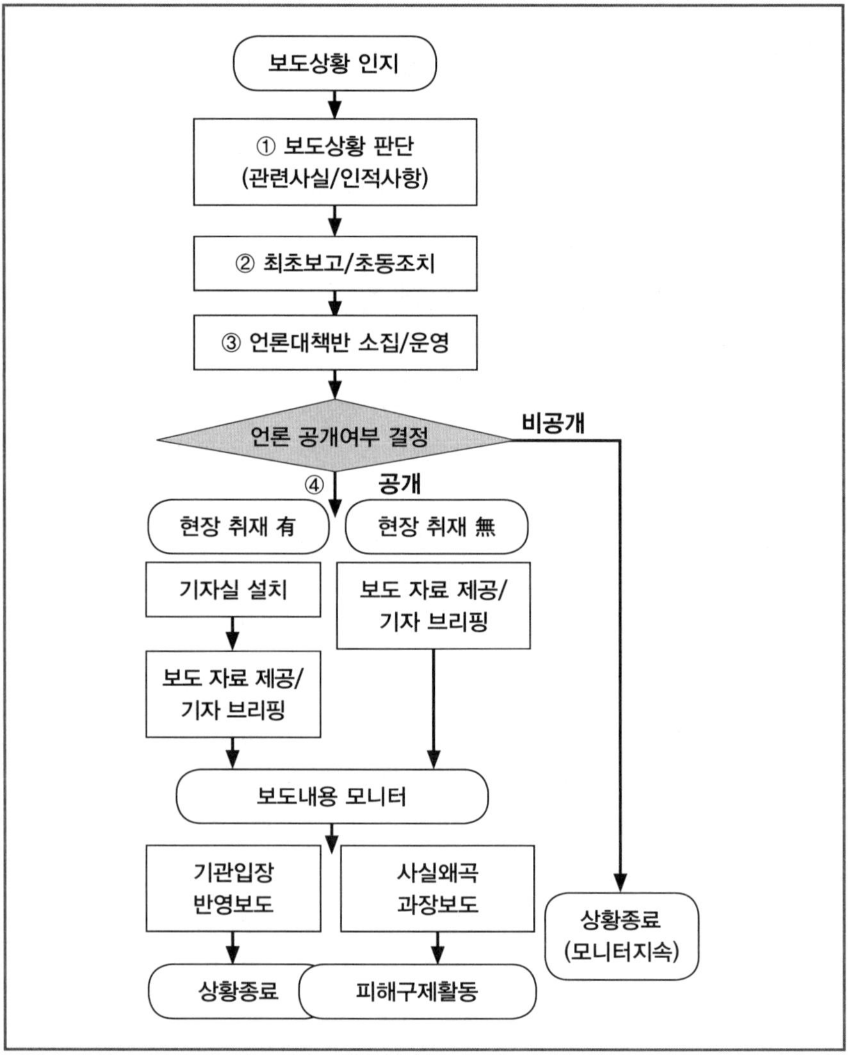


**그림 13-1.** 부정적 언론보도 대응 매뉴얼

### (4) 기관 조치사항

#### 1) 보도상황 인지 및 상황판단(홍보팀)

- 보도 상황인지 : 언론 모니터, 기자문의 등 활용
- 현 상황판단 : 육하원칙에 의한 정확한 관련사실 확인 및 판단

※ 언론의 입장에서 문제의 핵심판단 및 대응방향 설정

2) **최초보고 및 초동 보도조치(홍보팀)**

- 최초보고 : 관련사실, 대응방향 건의 및 지침수명
- 보도조치 : 사실설명 또는 보도 자료 작성 배포

※ 초동조치 후 언론동향 확인. 필요시 언론대책반 소집/운영

3) **언론대책반 소집/운영**

- 소집시기 : 체계적인 대응이 요구되는 중대 언론보도 사안 발생 시
- 소집절차 : 홍보 관련부서 책임자에 건의 → 상급부서장 → 기관장
- 편성 : 기관장, 홍보 관련부서장, 관련부서장
- 임무 : 보도상황 분석, 언론공개 여부 판단 및 대응 수위 결정, 대응계획 수립(브리핑 및 보도 자료 작성 등)

※ 언론의 추측 · 왜곡 · 확대보도 방지 및 신속한 상황종결 노력

4) **기타 조치사항(홍보팀)**

- 언론 공개 시
  - 보도내용 모니터(최초~상황 종료 시)
  - 현장 통제 필요시 보도 관계자 배치(홍보팀장, 관련 실무자)

※ 현장 출동차량, 보도가방 Set(카메라, 포토라인, 휴대폰 등)관리

  - 취재기자 집중 시 임시 기자실 설치
- 언론 비공개 시
  - 보도내용 모니터(인터넷 매체 등 활용)

※ 언론의 추측 · 왜곡 · 확대보도 시 상급부처 및 유관기관과 협조 하 대응조치

### (5) 상급 및 유관기관 확인/협조사항

1) **대민사고 및 민원관련 사항** : 관할시/구청, 경찰서와 상황 공유

- 경찰청홍보담당 : 대민사고 관련
- 소방방재청 담당 : 재해사고 관련
- 종합방재센터 : 재해사고 관련
- 국정원 : 연구성과 해외유출 등 보안사고 관련

2) **연구과제 관련사항 :** 상급부처, 연구과제 관련부처와 상황 공유

- 상급부처 : 홍보기획담당관
- 연구과제 관련부처 : 홍보팀장

### (6) 기관장 결심사항

| 주요내용 | 건의절차 |
|---|---|
| – 상황에 따른 초동 보도 방향<br>– 언론공개 여부 및 수위<br>– 언론대책반에서 건의된 내용 결심 | ① 홍보팀장 → ② 홍보실장 → ③ 경영지원본부장 → ④ 부원장 → ⑤ 원장<br>* 상황별 실시간 보고 및 결심사안 건의 |

제14장

# 기사 발굴 · 축적 활용

## 1. 기사발굴 축적 필요성

기자들은 매주 또는 매일 지면을 채워야 하는 숙명을 지니고 있다. 좋은 기사거리를 준비하고 있다가 기자가 보도 이슈가 없을 때 기관이 축적해온 보도기사를 제공한다면 기자와의 관계는 더욱더 신뢰가 쌓이고 공존하는 관계로 발전할 것이다.

## 2. 기사발굴 축적 방안

### (1) 내부 취재로 현장 기사소재 확보

**❖ 팀별 언론 노출지도 제작 운영**

기관의 성과나 실적은 기관 내부의 구성원들이 가장 잘 알고 있다. 이러한 사실들을 기관외부, 특히 언론에 알리기 위해서는 자체적인 노력 없이는 알리기 어렵다. 그렇기 때문에 내부구성원들의 지속적이고 자구적인 홍보의지와 노력이 필요하다. 아무리 좋은 기술이나 능력이라고 하더라도 많은 사람들에게 알려지지 않는다면 그 가치는 평가 절하되기 때문이다. 자체적인 내부취재로 더욱 생생한 현장의 느낌을 전하려면 팀별 언론 노출지도를 제작하여 운영하는 방법이 효과적이다.

## 참고 팀별 언론 노출목록 관리 예시

- 〈KIST 영상미디어연구센터〉 증강현실 연구 분야
  - 안상철 : 3D 몽타주 제작('13. 4. 14, 한국경제)
  - 김익재 : 증강현실 보이는 것 이상 보는 것이 펼쳐진다('13. 4. 2, 서울신문)
  - 김진욱 : 동작인식 기술('13. 8. 30, 아리랑TV)
- 〈KIST 기능커넥토믹스연구단〉 뇌과학 연구 분야
  - 김진현 : 3차원 분석, 기억력 선천적('14. 1. 10, 동아일보)
  - 조지 어거스틴 : 뇌 회로작동 봉주는 센서 단백질 개발('13. 11. 25, 파이낸셜뉴스)
  - 우동호 : 글루타메이트 분비 사실을 세계 최초 규명('13. 7. 21, 전자신문)
- 〈KIST 스핀융합센터〉 반도체 연구 분야
  - 장준원 : 시속 500km 열차 · 수술 로봇('13. 12. 18, 한국경제)

※ 참고로 KIST는 150여개 소연구팀이 별도로 운영되며 각자 의미 있는 연구를 진행함.

## 참고 영상미디어 3D몽타주 기사

한국경제

2013년 04월 24일
18면 (과학/기술)

과학기술 프런티어 안상철 KIST 영상미디어센터장

# "범인 사진만 있으면 3D 몽타주 제작"

A씨가 골프 연습을 위해 스크린골프장 대신 찾은 곳은 거실의 스마트TV 앞. 손목과 드라이버에 작은 센서를 부착하고 클럽을 힘차게 휘두르자 TV화면에 스윙 동작에 대한 평가가 실시간으로 뜬다. '코킹 평가'는 100점 만점에 63점. A씨가 밟고 선 압력 감지 매트로 잰 '왼발 체중 이동 평가'는 78점. '코킹 풀림을 최소화하고 반스윙 연습으로 리듬감을 찾으라'는 전문가 조언도 함께 나온다. A씨는 TV카메라에 찍혀 3차원(3D) 모델로 만들어진 자신의 자세를 이리저리 돌려보며 연구하기도 한다.

미래의 가상 스포츠 체험환경을 예상한 시나리오다. 한국과학기술연구원(KIST) 영상미디어연구센터는 지난해 이 시나리오에 등장하는 '실감형 스포츠 시뮬레이터' 기술을 실제로 개발해 눈길을 끌었다. 이 센터는 컴퓨터 기술을 통해 이용자가 직접 체험하는 것처럼 느끼게 하는 '가상현실' 분야에서 앞선 연구 성과를 선보이고 있다. 안상철 KIST 영상미디어연구센터장은 "가상현실 기술의 핵심인 영상 분야의 원천기술을 개발해 미래 생활을 바꾸는 것이 센터의 목표"라고 소개했다.

안 센터장은 "가상현실의 핵심은 사용자가 실제라고 '착각'하게 만드는 것"이라며 "사용자와 빠르게 상호작용할 수 있는 정교한 가상환경을 만드는 것이 관건"이라고 말했다. 그는 "하지만 오랜 시간 동안 만들 수 있는 영화의 컴퓨터그래픽(CG)과 달리 가상현실 영상은 매 순간 사용자의 반응에 따라 계산해야 하기 때문에 '정밀함'과 '상호작용 속도'를 함께 만족시키기 어렵다"며 "이를 해결할 수 있는 연구 성과를 꾸준히 내고 있다"고 말했다.

'3D 실감 모델링' 기술도 이 같은

### 한국서 공부한 토종과학자 가상현실 연구 선도 골프 스윙동작 3D로 분석

안상철 KIST 영상미디어센터장(앞쪽)과 연구원들이 버즈 라이트이어 인형의 3D 모델링을 시연하고 있다.

연구성과 중 하나다. 이 기술을 이용하면 물체를 카메라로 찍어 빠른 시간 안에 정확하게 3D 모델로 만들 수 있다. 유명 3D 애니메이션 '토이스토리' 주인공인 '버즈 라이트이어' 인형을 직접 스캔하는 장면을 시연한 안 센터장은 "비용 속도 정밀도를 모두 감안했을 때 세계적 수준의 연구 성과"라고 설명했다.

센터에서는 가상으로 만들어낸 모습을 현실 세계에 덧씌워 보여주는 '증강현실' 관련 연구도 활발하게 진행하고 있다. 경복궁 앞 국립고궁박물관에서 창덕궁과 창경궁의 조감도를 그린 문화재 '동궐도'에 증강현실을 적용한 사례가 대표적이다. 태블릿PC를 그림에 갖다대면 카메라 각도에 따라 궁궐의 풍경을 입체로 살필 수 있고 궁궐 내 계절이 변화하는 영상도 볼 수 있다.

안 센터장은 "가상현실 기술은 사람이 직접 체험하는 것이 불가능하거나 비용이 많이 드는 분야에서 이미 활발히 쓰이고 있다"며 "비행기 조종 교육과 의료 실습 등이 좋은 예"라고 말했다. 그는 "점차 기술이 발달하면서 이용 분야가 확대되고 있다"며 "이제 가상현실은 봄을 넘어 교육·게임·소셜미디어 등에 다양하게 활용되고 있다"고 설명했다. 심지어 범죄 추적에까지 활용된다. 센터는 사진을 이용해 범죄자의 3D 몽타주를 얻어내는 기술을 경찰청과 협력해 개발 중이다.

KIST에서 가장 오래된 센터인 영상미디어연구센터는 1997년 생겼다. 안 센터장을 비롯해 모바일 증강현실 관련 연구를 하는 고희동 연구원, 3D 몽타주를 연구하는 김익재 연구원, 가상 스포츠를 연구하는 김진욱 연구원 등 16명의 정규 연구원이 일하고 있다. 학생과 인턴연구원까지 포함하면 70여 명에 달한다.

첫해부터 책임연구원으로 근무한 안 센터장은 서울대에서 학부 시절부터 제어계측분야를 전공해 박사학위까지 받은 토종 과학자다. 애플II가 갓 출시된 개인용 컴퓨터(PC) 초창기 시절부터 영상 분야에 관심을 가져 왔다는 그는 "수학 전산학 등 여러 학문과 연계돼 있어 쉽지만은 않지만 무엇보다 재미있는 분야"라고 말했다.

김보영 기자 wing@hankyung.com

(24.7×20.8)cm

출처 : 한국경제, 18면(2013. 4. 24)

### ❖ 피처형 소재발굴 팸투어

– 기관에서 추진하고 있는 의미 있는 연구분야를 홍보하기 위해 기자를 초청하여 시설, 현장 등에 직접 참여, 체험하고 동행취재하게 하여 기자들의 독특한 시각으로 기사화 할 수 있도록 지원한다. 팸투어를 통해 기자들에게 해당 분야의 저변과 분위기를 전달하고 이해도를 도우며 기관의 우호적 언론 분위기 조성을 유도할 수 있다. 팸투어는 기업이나 기관으로부터 취재편의와 경제적인 지원을 받아 진행되는 경우가 많기 때문에 기자에게는 부담이 덜하고 해당분야에 대한 기자의 시야를 넓힐 수 있는 등 다양한 기회가 된다. 기관의 입장에서는 과학자나 과학기자의 시각과는 다른 사회적, 경제적, 인문학적 관점의 홍보를 국민들에게 할 수 있는 좋은 기회를 확보할 수 있다.

---

**참고** **조선일보 문갑식의 세상읽기**

朝鮮日報

2013년 05월 14일
33면 (오피니언)

문갑식의 세상읽기

## 과학기술원 강릉 분원에서 영그는 '꿈'

(전략)

지난 금요일 강릉과학단지 안에 있는 KIST 강릉 분원(分院)에 갔다. 나들이엔 오건택 KIST경영지원본부장과 임환 문화홍보실장이 동행했다. 비가 영서(嶺西)를 적시던 날씨가 대관령을 넘자 거짓말처럼 화창하게 변했다.

때마침 하루 전이 분원이 생긴 지 10년 되는 날이다. 오 본부장은 KIST가 보유한 2개 분원의 건설을 도맡은 특이한 경력의 소유자다. 강릉과학단지 50만평 중 강릉분원의 입지(立地)는 기막히다. 진산(鎭山)을 등에 지고 좌청룡·우백호 정남향에 경포호가 차로 5분 거리다.

"처음엔 맨 높은 쪽이 배정됐어요. 경치는 그럴듯했지만 바람이 셌어요. 어느 눈 온 다음 날이었습니다. 강릉으로 달려가니 여기만 눈이 녹아 있어요. 제일 양지바른 곳이죠. 알고 보니 강릉시청이 탐내던 자리였대요."

용(龍) 머리에 오 본부장은 연구센터를 지었다. 지방 과학의 첨병(尖兵)이 되란 뜻이었다. 거기서 무엇을 할 것인가? KIST가 주목한 것은 농업이었다. 누구나 낡았다고 생각한 농업을 신성장 동력으로 삼은 역발상이다.

이렇게 탄생한 것은 이른바 '케이 팜(K-Farm) 프로젝트' 다. 40년 전 포항제철과 삼성전자와 현대중공업 같은 중후장대(重厚長大)형 기업의 청사진을 그려 근대화의 씨앗을 뿌린 KIST가 농업에 고개를 돌린 이유가 있다.

미래의 이슈는 수명 연장, 그게 바로 국민 행복지수와 연결되는 산업이라고 본 것이다. 그렇다면 KIST의 과학자들이 옛 심마니처럼 심산유곡을 헤매야 한다는 뜻인가? 천연산업이라지만 원료는 어디서 구한단 말인가?

여기서 세계 최고로 평가받는 KIST의 ICT가 동원됐다. 식물의 크기, 색, 형태, 향기, 맛을 이미지-영상 기술과 로봇 자동화 기술과 센서 기반 모니터링 기술과 성분 분석 기술로 분석하니 땅 없는 농업이 가능해졌다.

이렇게 해서 10년간 일궈낸 성과가 SCI급 논문 304편을 포함한 논문 394편과 특수출원 114건이다. KIST의 기술을 이전받은 회사는 돈방석에 앉게 됐고 KIST는 번 돈으로 연구에 투자하는 선순환 구조를 만든 것이다.

처음엔 '구라' 같던 오 본부장의 입담이 들으면 들을수록 '기적' 처럼 들리는 것은 취재 후 동해 파도 소리를 들으며 소주잔을 기울인 탓도 있을 것이다. 그런데 그때 김영현 연구지원부장이 뭔가를 꺼내는 것이었다.

인삼(人蔘)에 포함된 사포닌 성분을 400배로 높여 만든 '진삼(眞蔘)' 이라는 술이었다. 부르기는 술이라 하지만 그는 이것을 "하루에 딱 두 잔만 마시라"는 말을 여러 번 했다. 워낙 효능이 강하기 때문이라는 것이다.

이미 꽤 취기(醉氣)가 돌아 내심 "무슨 효과가 있으랴" 싶었지만 순간 경이(驚異)가 일어났다. 갑자기 눈앞이 맑아지는 것이 아닌가. 오랜 취재 생활에서 이런 경험은 언젠가 명의에게 침(鍼)을 맞았을 때뿐이다.

눈만 맑아진 게 아니었다. 새 대통령 등장 후 많은 석학(碩學)에게 '창조경제' 에 관한 설명을 들었을 때도 선뜻 이해가 가지 않았는데 바로 KIST는 창조경제를 실천하고 있고 그게 지방 과학을 선도했던 것이다.

참으로 상쾌한 출장이었지만 그 느낌이 귀경길 소양강 근처에서 깨지고 말았다. 윤창중 청와대 전(前) 대변인의 성추문 의혹으로 온 세상이 떠들썩하다는 전언을 받은 것이다. 속세로 돌아오고 있다는, 그래서 몸도 마음도 때묻어간다는 느낌이 그때만큼 강하게 든 적이 없다.

선임기자

(35.9×17.0)cm

---

출처 : 조선일보. 33면(2013. 5. 14)

– 예를 들어, OO일보 사회부 ◇◇◇ 부장을 강릉분원으로 초청하여 팸투어하고 연구성과를 설명하여 인문학적 관점의 좋은 기사를 확보한다.

### (2) 기관의 공식회의를 통한 하향식 발굴

기관의 주요회의, 연구 부서장회의를 통해 연구성과를 추천 받는 방법이다. 홍보부서에서는 연구성과 뿐 아니라 연구계획, 연구실 소개, 미담, 특이한 인물 등 다양한 소재가 발굴될 수 있도록 홍보소재 발굴 취지와 범위를 잘 설명하고 시한을 정해 정기적으로 접수하려는 노력을 해야 한다.

### (3) 정기적인 연구실 소개 브리핑

사내기자를 활용하여 정기적인 연구실 방문 취재를 한다든지 기자실 브리핑룸을 활용한 정기적인 연구성과 브리핑 행사를 진행함으로서 기사거리를 발굴한다.

---

**참고 정기적 연구실 방문 취재 예시**

## 전문기자단 연구현장 방문(5차) 계획

□ 추진배경
- 전문연구소 및 연구본부의 홍보 소재 발굴
- 해당부서 보직자 및 연구자들의 언론 이해도 및 홍보 마인드 제고

□ 실행계획
- 일정 : 6월중 연구소/본부별 1일(90분)
- 대상 : 뇌과학/의공학 연구소, 국가기반/미래융합 본부
- 참석자
  - 홍보실 : 실장, 팀장, 홍보 담당자
  - 본부(연구소) : 본부(소)장, 센터(단)장, 연구원, 지원팀장 등

• 추진방식 : 과학기자 특강, 질의응답, 본부(연구소) 소개 및 토의

• 진행일정

| 구분 | 내용 | 시간 |
|---|---|---|
| 특강 | 과학 언론보도의 이해 | 30분 |
| 질의응답 | 특강 내용 및 관심사에 대한 질의 응답 | 30분 |
| 소개 및 토의 | 분원(연구소) 연구분야 소개 및 토의 | 30분 |

※ 일정 종료 후 오찬 또는 만찬 진행

□ 협조사항

– 본부(연구소별) 일정 확정 통보(5/29까지)

– 연구분야 소개(20분) 및 소재 발굴

## 3. 기사 데이터베이스 운영

### ❖ 사내 기자단을 활용한 기사의 축적

언론에 충분한 소스를 제공하고 내부의 소통을 강화하기 위해서는 사내에 기사 데이터베이스가 축적되어야 한다. 이를 위해 내부직원들의 역량을 활용하여 효과적으로 내부홍보에 이용하는 사내기자단을 운영한다.

– 사내기자 모집 공고 → 활동계획서 접수 → 심사 후 선정으로 사내기자단 운영

– 기수를 구분하고 임기를 두어 운영하는 것을 원칙으로 하나, 신규 사내기자 모집 후에도 기존 사내기자 중 '재활동'을 희망하는 경우 계속 활용

### 참고 사내기자 운영 예시

| 성명 | 부서 | 코너명 | 코너소개 | 비고 |
|---|---|---|---|---|
| 박○수 | 창의경영팀 | 배움과 생각사이 | '창의포럼' 내용 기반 에세이 | 1기 |
| 고○영 | 신경과학 연구단 | 프로므나드 | 문화, 예술에 대한 단상 | 1기 |
| 김○현 | 감사실 | Scientist; Music ver. | 음악으로 보는 이야기 | 1기 |
| 박○라 신○해 | 홍보실 | 단짝과 문화산책 | 전시회, 공연 후기 및 이벤트 병행 | 2기 |
| 원○환 | 기획예산팀 | 알기 쉬운 지식재산권 이야기 | 지식재산권에 대한 이해 | 2기 |
| 이○언 | 수탁사업팀 | 영화산책 | 독립영화, 예술영화에 대한 단상 | 2기 |
| 이○열 | 기획예산팀 | KIST 사진이야기 | 사진으로 보는 KIST 이야기 | 2기 |
| 장○아 | 문화경영팀 | 과학나눔 | KIST 과학나눔 활동 소개 | 2기 |
| 조○수 | 학연운영팀 | 과학나눔 | KIST의 나눔활동 소개 | 2기 |
| 선○민 | 전북분원 | 분원 이야기 | 전북 분원에서 벌어지는 일상 이야기 | 2기 |

#### ❖ 사내 블로그에 취재를 통한 연구성과 축적

블로그의 특정 페이지에 기관 연구성과를 소개하여 기사거리가 될 수 있는 자료를 축적한다. 소개한 내용은 기존 신문 등 매체에서 보도된 내용들 중 '연구 비하인드 스토리'에 대한 심층보도 내용을 다룸으로써 내용에 대한 호기심을 자극, 다양한 매체로부터 방송 촬영에 기여할 수 있다. 또한, 하나의 기사 소스를 여러 매체용도로 활용하도록하여 홍보효과를 높이는 유용한 매체활용 방법이라고 볼 수 있다. 블로그를 통해 활용할 수 있는 유형에는 기관 내 인물에 관한 인터뷰, 기관 내의 행사에 관한 리뷰, 기관관련 종합 뉴스, 정보관련 글, 가벼운 에세이 등이 있다.

① 인터뷰

인터뷰는 기관장 및 사내 주요 오피니언 리더에 대해 소개하여 장기적인 대내외 기관장 이미지(PI ; President Identity)를 형성하는 데에 일조할 수 있다. 그밖에도 기관 내의 구성원들을 인터뷰함으로써 구성원들 간의 관심과 커뮤니케이션에 도움을 줄 수 있다. 블로그 취재를 통한 인터뷰에는 동영상이나 사진 등을 활용하여 능동적이고 역동적인 인터뷰를 구성할 수 있다.

② 리뷰

기관 내에서 진행되는 모든 행사를 공중들뿐만 아니라 구성원들조차 알기 어렵다. 기관 블로그의 리뷰를 통해 어떻게 진행되었고 개선할 점 등의 내용을 상세히 적어 포스팅한다. 홍보담당자가 직접 홍보를 위해 글을 쓰는 것도 좋지만, 행사에 참여한 구성원들이나 외부 관계자에 의해 작성된 글이라면 더욱 생생하고 객관적인 느낌으로 작성될 수 있다. 또한, 이렇게 포스팅된 블로그의 리뷰들은 홍보자료로 활용될 수 있는 것 뿐아니라 기관의 생생한 역사로써 기록될 수 있다는 점에서 장점이 있다.

③ 기관관련 종합 뉴스

홍보담당자는 기자들에게 보도 자료를 작성하여 발송하지만 매번 기사화되지는 않는다. 이러한 자료들을 그냥 내부에서만 썩힌다면 홍보담당자의 노력은 그 순간 물거품이 되고 만다. 기관에 관련된 종합적인 기사를 게재하고 구성원들에게 의견을 구할 수 있다.

④ 정보관련 글

기관의 연구성과를 통해 새롭게 밝혀진 사실을 블로그에 싣는다. 단순히 연구성과에 대해 나열하는 것보다는 기존에 알려진 것과 어떻게 다르고, 기존에 다르게 알려진 매체나 편견과 비교하여 독자들의 호기심을 유발할 수 있는 글을 작성한다.

**참고** 사내기자 운영을 통한 신문보도 연계

| 블로그 컨텐츠 제목 | 날짜 | 연구소 | 연구원 | 신문보도 현황 |
|---|---|---|---|---|
| "과학기술로 만든 '살아있는 박물관' 있다?" | '12. 11. 22 | 영상미디어 | 김○재 | – 서울신문('13. 4. 2) 증강현실, 보이는 것 이상 |
| '감(感)' 잡는 전자기기 보셨나요? | '12. 2. 20 | 센서시스템 | 우○하 | – 한국경제('12. 7. 3) 냄새로 폐암 확인… '전자코' 곧 상용화 |
| 대한민국 5대 국새… 피말렸던 400일 간의 제작기 | '11. 12. 22 | 계면 엔지니어링 | 도○만 | – 조선일보('13. 5. 18) 과학이냐 사학이냐? |
| "행동에 따른 뇌의 변화가 회로로 그려진다" | '11. 6. 14 | 뇌과학연구소 | 신○섭 | – 조선비즈('11. 9. 9) 인간 뇌질환의 비밀 풀어줄 '이상한 쥐들'<br>– 서울신문('11. 12. 26) 뇌 전기자극 조절해 트라우마 없앤다. |
| "로봇, 스스로 오감을 느낀다'… KIST 로봇연구중심지 방문 | '11. 4. 26 | 실감교류 로보틱스 연구센터/ 지능로봇 사업단 | 유○재 센터장/ 김○상 단장 | – 서울경제('11. 5. 24) [시론] 로봇산업에도 한류 열풍 |

## 4. 사내 칼럼 Pool의 운용

과학전문가 및 오피니언 리더그룹을 선정하여 대중들에게 과학과 기관을 홍보할 언론친화적 과학자를 발굴 육성하여 인력풀을 운영한다.

### (1) 연간 칼럼 과학자 풀(Pool) 운영

• 과학 전문가 그룹(SE, Science Expert) : 국민과 언론이 관심을 가질 만 한 소

재로 과학을 소개함(뇌, 로봇, 환경, 의공학, 재난기술, 영상미디어 등)

• 오피니언 리더 그룹(OL, Opinion Leader) : 연구소장, 분원장, 본부장들로 구성, 분야 정책방향 제시

### (2) 신문사 접촉을 통한 지면 확보

– 필자가 정해진 고정칼럼을 지향하되 초기에는 언론사별 오피니언 란을 적극 활용 함

---

**참고** **신문사별 과학자 고정칼럼 예시**

| 구분 | 칼럼제목 | 비고 |
|---|---|---|
| 뇌 분야 | 김○식 "브레인스토리"(조선일보) | KAIST 교수(뇌과학) |
| 과학 전반 | 최○천 "자연과문화"(조선일보) | 이화여대 교수(동물행동) |
| 과학 전반 | 이○환 "과학세상"(디지털타임즈) | 서강대 교수(화학) |
| 과학 전반 | 전○준 "과학칼럼"(경향신문) | 고려대 교수(화학) |
| 과학 전반 | 강○정 "애고에코"(한국일보) | 연세대 교수(환경) |

---

### (3) 육성을 위한 다양한 지원

– 저자 초안 작성, 홍보팀에서 국문 Editor 지원

– 책자 및 기존 관련 기사 제공

※ 필요시 관련 과학칼럼 쓰기 교육 실시(교육팀 협조)

※ 원내 블로그, TePRI, 소식지 등 게재 병행, 활용도 높임

## 참고 2013년도 소/본부별 언론칼럼 추천자 운영현황 예시

| 부서 | 주요분야 | | 저자 | 비고 |
|---|---|---|---|---|
| 정책 | OL | 창조경제시대 과학기술 정책 연구 방향 | 하○도 | |
| | | 창조경제시대 기술 사업화 방향 | 신○호 | |
| 뇌과학 연구소 | OL | 뇌과학 연구 Flagship | 김○진 | |
| | SE | 인지기능 연구 | 고○영 | 홍보팀 추천 |
| | | 신경회로망, 전기생리학 연구 | 정○영 | 홍보팀 추천 |
| 의공학 연구소 | OL | 의공학 연구 Flagship | 최○원 | |
| | SE | 로봇 매니퓰레이션, 위험작업 필드로봇 등 | 강○철 | |
| | | 생체 재료, 코팅 및 표면개질, 스프레이 공정 | 석○광 | 홍보팀 추천 |
| 다원물질 융합연구소 | OL | 다원물질융합 연구 Flagship | 이○렬 | |
| | SE | 무기과학, 반도체 나노구조 등 | 최○준 | |
| | | 광섬유, 광정보 등 | 이○배 | |
| | | 광소자, 고출력 레이저 다이오드, 태양전지 등 | 한○기 | |
| | | 전자세라믹스, 고체결함화학 등 | 박○관 | |
| | | 표면개질, 박막재료 등 | 문○운 | 홍보팀 추천<br>한경(4. 19) |
| 녹색도시 기술연구소 | OL | 녹색도시기술 연구 Flagship | 오○환 | |
| | SE | 담수화기술, 고도수처리, 수질관리 | 이○헌 | |
| | | 환경문제 이해 해보자(환경, 건강, 안전) | 정○수 | |
| | | 화학물질 위해성에 대한 학적인 시각 | 류○천 | 홍보팀 추천<br>한경(4. 19) |
| 미래융합기술 연구본부 | OL | 미래융합기술 연구 Flagship | 정○기 | |
| | SE | 놀라운 전자소자 기술 | 장○연 | |
| | | 과학과 전통의 만남 | 도○만/<br>금○화 | |
| | | 금속공학, 자성박막, 스핀트로닉스 | 한○희 | |
| | | 나노입자합성 및 기능화, 복합화 | 우○자 | 홍보팀 추천 |

| | | | | |
|---|---|---|---|---|
| 국가기반기술 연구본부 | OL | 국가기반기술 연구 Flagship | 임○훈 | |
| | SE | 로봇, IT 융합 | 오○록 | |
| | | 증강(혼합)현실 | 안○철 | |
| 강릉분원 | OL | 천연의약, 기능성 천연물, 환경연구 Flagship | 정○철 | |
| 전북분원 | OL | 복합소재기술 정책 | 홍○태 | |

## 참고 뇌과학분야 언론칼럼자 운영 예시

아시아경제 석간

2013년 07월 24일
27면 (오피니언)

### 光유전학, 뇌 속을 밝힌다

과학계에서 최근 가장 활발히 연구되고 있는 주제 중 하나는 '뇌'다. 이를 반영하듯 미국을 비롯한 선진국들의 뇌 분야에 대한 연구 투자 역시 활발하다. 미국의 경우 지난 4월 버락 오바마 대통령이 인간의 뇌세포와 회로에 대한 비밀을 밝혀낼 초대형 뇌연구 프로젝트 계획을 발표했다. 'BRAIN프로젝트'로 명명된 이 과제는 2014년 예산만 무려 1억달러에 달하며, 이는 과거 인간 DNA 유전자 지도를 밝히기 위해 시작된 '인간 게놈 프로젝트'와 유사한 규모다. 이제 시작된 브레인 프로젝트는 알츠하이머와 자폐증, 간질 등 뇌와 관련한 난치병 치료제나 치료기술을 개발하는 것을 목표로 추진된다.

유럽연합(EU)에서는 연구개발사업의 통합운영 제도인 FP7을 통해 뇌신경과학 분야를 지원하고 있다. 일본의 경우에는 2009년 기준 연간 300억엔 정도가 뇌 분야 연구에 투자되고 있다. 이러한 나라들에 비해 우리나라에서의 뇌연구 투자 규모는 상대적으로 부족하다고 평가된다. 2009년 기준으로 총 610억원을 뇌과학 연구에 투자했는데 이는 미국의 164분의 1, 일본의 17분의 1 수준에 불과하다. 그렇지만 국내 뇌과학 연구 환경과 전망은 긍정적이다. 최근 발표된 '제3차 과학기술기본계획'에서 정부는 2017년까지 과학기술 연구개발 예산으로 총 92조4000억원을 투자하기로 결정했다. 이 중 뇌과학 분야도 기초과학 부문으로 중점 지원 대상이 돼 보다 활발한 연구활동을 기대할 수 있게 됐다.

사이언스 포럼

이 창 준 KIST 신경과학연구단장

이러한 뇌과학에 대한 사회적인 붐이 일어나게 된 이유는 무엇일까? 첫 번째로 인간의 수명이 연장되고 '웰빙(well-being)'과 '웰다잉(well-dying)'에 대한 관심이 높아지면서 치매 등 신경질환과 같은 뇌질환 문제 해결에 관심이 높아진 것을 들 수 있다. 두 번째로 산업 부문의 파급효과가 높기 때문이다. 구글이나 페이스북과 같은 정보기술(IT) 기업들의 검색 알고리즘 개념은 뇌과학의 인지과학에서 비롯됐고, IT 가 정보를 얼마나 효과적으로 처리하느냐의 문제도 뇌의 인지 메커니즘을 이해함으로써 해결할 수 있다.

이러한 목적을 위해 필자가 몸담고 있는 한국과학기술연구원(KIST)에서는 미래창조과학부가 지원한 세계 수준의 연구센터 사업을 통해 뇌의 비밀을 밝혀 줄 광유전학 연구를 수행하고 있다. 비교적 근래에 각광받고 있는 광유전학은 밤하늘의 별빛이 별의 위치, 온도, 주변 다른 별들의 존재 여부를 알려주듯 생명체의 몸속을 들여다보는 데도 빛을 이용하려는 시도다. 빛 자극의 파장에 따라 각각 다른 신경세포가 반응하기 때문에 이 성질을 이용해 특정 파장의 빛으로 신경세포 활동을 조절함으로써 뇌의 기능을 살펴보는 것이다. 이 기술을 통해 광유전적 유전자생쥐를 제작해 뇌의 회로를 분석하는 데 용이하게 만들었고, 신경망 맵핑 기술에 활용하여 뇌지도를 완성해 나가고 있다.

현재까지 광유전학은 기초·원천 분야의 뇌의 기능을 밝히는 데 집중하고 있지만 종국에는 기능이 저하된 근육 능력의 복구, 신경세포 손상으로 장애를 겪고 있는 중풍, 척추 손상 등의 환자에도 이용될 수 있으며, 시력장애인들의 시력 회복에도 도움을 줄 수 있을 것으로 기대된다.

기존에 진행된 인간 게놈 프로젝트의 경우 15년 계획으로 진행된 반면 미국 뇌연구 프로젝트의 완료기간은 아직 확실치 않다. 아직까지 '미지의 영역'으로 남아 있는 뇌연구는 기술적으로 어려운 부분이 많기 때문이다.

뇌연구 분야는 그 성과에 따라 인류에게 긍정적인 효과와 파급력이 큰 분야다. 우리가 지금도 세계 유수의 연구기관들과 경쟁하며 연구에 매진하는 이유다. 국내 뇌과학 연구에 대한 관심과 지원이 더욱 시급하고도 중요한 이유이기도 하다.

(21.1*14.5)cm

출처 : 아시아 경제, 23면(2013. 7. 24)

## 참고 언론칼럼 예시

# '474 시대' 신기술로 달성하자

**시론**

금동화 한국과학기술연구원 책임연구원

**웨어러블 디바이스와 사물 인터넷 등 부상하는 신기술을 정책에 적극 반영해야 첨단기술 상용화로 '474 시대' 함께 열어야**

미국이 금융위기 이후 침체에서 벗어나 성장을 지속하고 세계 경제에도 활력을 불어넣을 것이라는 전망이 나오고 있다. 무역의존도가 높은 우리 경제에도 희소식이 아닐 수 없다. 양(陽)의 기운이 가장 왕성한 말의 해인 갑오년 올해, 신년 인사회마다 청마의 기운을 받아 국운과 개인이 크게 융성하길 바라는 모습이 여기저기에서 역력하다.

지금 세계는 첨단기술로 산업과 기업 경영 패턴이 바뀌고 사회가 한 단계 도약하는 시점에 있다. 영화에서 본 첨단 기술들이 주변 각종 제품과 물건에 녹아들어 삶의 모든 분야의 방식이 바뀌고 있다. 이러한 변화의 근간에는 컴퓨터로 대변되는 정보통신기술(ICT)이 있는데, 매년 미국에서 열리는 소비자 가전 전시회(Consumer Electronics Show·CES)에서 잘 볼 수 있다. CES는 1967년 시작된 전시회로, 혁신 제품과 기술을 선보이는 행사다. 비디오카세트 레코더(1970년), CD 플레이어(1981년)와 HD-TV(1998년)가 이곳에서 선보인 후 세계적 히트 상품이 되었다. 이제는 가전제품을 넘어 모든 분야의 최신 상품과 기술 수준을 한눈에 볼 수 있는 세계에서 가장 큰 규모의 쇼가 되었다. 각종 언론에서 회자되는 올해의 화두로는 웨어러블 디바이스, 사물 인터넷, 3D 프린팅 등 과학 지식과 지적 호기심이 실용기술로 전환된 것(트랜스포메이션 기술)들이 있다.

'구글 글라스'로 대표되는 웨어러블 디바이스는 인터넷과 연결된 소프트웨어 앱을 사용하는 몸에 달고 다니는 컴퓨터이다. 이번에는 10여개가 넘는 회사들이 형태와 용도가 매우 다양한 웨어러블 기기들을 소개했다. 여전히 개선점이 많지만, 이중 10% 이하가 살아남아 세상을 바꿀 것이라는 전망이 대세이다. 한 조사 기관은 이 분야 세계 시장 규모가 2016년 60억달러까지 확대될 것으로 예측하고 있다.

웨어러블 디바이스에서 한 발 더 나간 것이 사물 인터넷이다. 사물 인터넷은 기계끼리 서로 정보를 주고받으며 데이터를 분석하고 작동하게 한다는 점에서 새로운 트렌드로서 주목받고 있다. 갤럭시 기어로 전기자동차의 시동을 걸거나 차량상태를 점검하는 서비스, LG 전자의 스마트 부엌 등이 그 예에 속한다. 전시회의 기조 강연자로 나섰던 CISCO 체임버스 회장은 이미 모든 것이 네트워크로 연결되는 시대가 되었다고 말하며, 앞으로 사물 인터넷이 삶의 모든 분야의 생활양식을 바꾸어 나갈 것이며, 향후 10년간 규모가 19조 달러에 이를 것으로 예측했다.

미래의 비즈니스 패턴을 바꿀 게임 체인저로 3D 프린팅도 눈여겨보자. 3D 프린팅은 컴퓨터로 2차원 설계를 내려 받아 3차원 입체 모양으로 제작하는 기술이다. 3D 프린팅은 이론적으로는 플라스틱, 금속, 세라믹 등 모든 재료로 가능하며, 앞으로 의료, 요리, 패션, 인공 장기 등 모든 제조업 분야에서 혁명을 가져올 기술로 손꼽히고 있다. 최근에 3D 프린팅 산업이 연평균 30%가까운 성장을 하고 있다는 점을 감안하면, 2015년에 37억 달러의 시장 규모를 이룰 것으로 기대된다.

앞서 언급한 신기술들이 우리에게 전하는 메시지는 분명하다. 이러한 시대적 흐름에 동참하지 않으면, 세계 시장 속에서 도태될 수 있다는 것이다. 얼마 전, 박근혜 대통령이 밝힌 경제혁신 3개년 계획에 이러한 기술 발전을 위한 정책들이 반영되어야 하고, 가시권에 있는 첨단기술 상용화를 위해 민관이 힘을 모아야 한다. 우리나라는 90년대에 HD-TV, 디스플레이 등 당시 떠오르는 신기술군에 미리 투자하여 2000년 이후의 경제성장의 동력으로 만들었던 성공적인 경험이 있다. 세계 경제가 선순환 주기에 접어드는 지금, 우리 또한 발빠른 대처를 위해 신들메를 다시 졸라매기를 제안한다. 패기왕성한 갑오의 기운을 받아 기술의 한 변환기에 동승하여 474(4% 성장, 70% 고용, 소득 4만불) 시대를 여는 힘과 자신감을 확보할 필요가 있다.

출처 : 디지털 타임즈, 23면(2014. 1. 20)

제15장

# 직원 미디어 트레이닝

## 1. 미디어 트레이닝의 필요성

언론은 기관과 공중을 연결해주는 중요한 매체이다. 일반적으로 미디어를 통해 공중에게 전해지는 메시지는 일방적이고 즉각적이기 때문에 반응과 영향력이 크다. 따라서 체계적이고 철저한 미디어 트레이닝으로써 전략적인 대응이 필요하다. 다양한 매체의 발달로 인해 언론의 플랫폼 또한 다양해졌고 플랫폼에 따라 다른 접근이 요구되고 있다. 다양한 언론을 이해하고 특히 언론과의 인터뷰 상황에서 적절한 대응을 할 수 있도록 하는 훈련을 미디어 트레이닝이라 한다.

민감한 시기에 기자는 철저히 준비하고 우연을 가장해 접근하는 경우가 있다. 준비되지 않은 기자와의 대화는 위기를 가져올 수 있다. 조직을 대표하는 기관장의 경우는 특히 기관을 대표하므로 고위직의 발언은 연출될 필요가 있다. 그러지 못한 발언은 조직의 품격을 떨어뜨리게 되거나 실언으로 오해를 사는 보도로 이어질 수 있다.

**Note 선진 기업의 미디어 트레이닝**

세계적인 기업의 임원들은 언론과의 커뮤니케이션을 위해 일대일 혹은 소규모 트레이닝을 매년 정기적으로 받는다. 국내 중소, 중견기업이나 기관 역시 언론에 응대하는 기본적인 자세를 익힐 필요가 있다. 다소 공격적이거나 냉소적으로 비틀어 질문하는 것은 기자의 전문적인 스킬이고 특징이다. 이에 대한 이해가 있다면 흥분하지 않고 차분하게 응답할 수 있을 것이다. 무조건 기자의 질의에 응답할 필요는 없다는 사실도 알아 두어야한다. 기자에게 말한다는 것은 다수의 공중에게 공언하는 것임을 염두에 두어야한다.

---

## 2. 직원미디어 트레이닝 직급별 구성

**표 15-1.** 직급별 미디어 트레이닝 과정

| 대상 | 과정 |
|---|---|
| 임원급 | ① 언론인터뷰 위기관리 대응법<br>② 기고/칼럼 작성하기 |
| 일반보직자/연구책임자 | ① 언론인터뷰 위기관리 대응법<br>② 언론활용 마인드 |
| 일반직원 | ① 위기관리 매뉴얼<br>② 언론활용 마인드<br>③ 보도 자료 작성<br>④ 보도스크랩 활용 |

## 3. 미디어 트레이닝의 실제

### ❖ '언론인터뷰 위기관리 대응법' 교육 목차

- 홍보부서와의 사전 커뮤니케이션
- 기자 질문에 대한 예측
- 핵심 메시지(Key Message) 준비
- 핵심 메시지의 연결과 반복, 불필요한 말의 금지
- 질문에 숨겨진 덫을 피하기

– 취재전문가의 질문기법과 대응실습(여러질문 기관총 기법, 취재원의 잘못을 전제한 질문, Yes/No 답변요구, 누가 그러던데 질문, 잘못된 전제로 유도질문, 100% 개런티 하느냐는 확언유도 질문, 가정에 근거한 질문 등)

### ❖ 기고/칼럼 작성하기 교육 목차

– 적절한 코너 발견/사전 정지작업

– 기고문의 작성 구조

– 기고문 작성 시 주의사항

– 기고문의 전달과 관리

### ❖ 위기관리 매뉴얼 교육 목차

– 언론 위기 사례

– 언론 위기 상황 인지

– 언론 위기 대응 방법

### ❖ 언론 활용 마인드 교육 목차

– 이슈 및 소재의 발굴

– 업무 PR의 활용 사례

### ❖ 보도 자료 작성 과정 교육 목차

– 보도 자료 활용

– 보도 자료 글쓰기 기본

– 보도 자료 클리닉

– 주제별 작성방법 예시

– 보도 자료의 배포

### ❖ 보도스크랩 활용 교육

직원들이 기관과 관련된 보도내용을 볼 수 있도록 스크랩하여 게시판 또는 이메일로 배포하는 활동

- 스크랩 분야 : 회사 관련 보도, 과학 관련 보도, 경영 및 자기개발 관련 보도, 인사 동정
- 스크랩 분석 : 최근 이슈 분석, 언론사별 보도 방향 및 기획 보도 분석, 과학 정책 관련 이슈 모니터링

---

**참고** **보도 자료 스크랩 목차 예시**

KIST

보도자료 스크랩

2013년 07월 26일 (금요일)

홍보실

목 차



---

제16장

# 홍보가치의 평가관리

## 1. 홍보가치평가 필요성

홍보가치는 홍보부서의 존재가치를 보여주는 정량적 지표로서 연간 홍보가치 뿐 아니라 월별 보도추이, 개별 매체별 홍보가치 기여도를 파악할 수 있게 하는 유용한 지표가 된다. 이러한 노력이 없으면 자칫 홍보부서는 생산적 부서보다는 비용유발 부서로 오인 받을 가능성이 크다. 이러한 홍보효과를 계량화하여 제시함으로써 홍보부서의 역할을 부각시키고 경영층으로부터 적극적인 지원을 받는 근거가 되어야 할 것이다.

## 2. 홍보가치평가 개념

홍보가치란 매년 당해 연도 신문매체와 방송매체에 노출된 기사를 대상으로 매체별 열독률과 시청률 대비, 노출된 기사와 방송의 수를 빈도, 경제적 가치 등 수치로 환산하여 효과를 측정한 값 즉, 기사가치환산(Monetary Publicity Value)을 말한다.

## 3. 홍보가치 평가방법론

### (1) 신문매체 기사가치환산

노출된 기사의 가로세로 실사이즈(cm) 측정

⇨ 매체별/지면별 광고 단가 적용, 실 광고비 측정

⇨ 기사가치 환산(MPV)

- 실 광고비는 노출된 기사의 1단×1cm 사이즈를 지면별 단가 광고비로 환산한 금액
- MPV는 삼성그룹 홍보기사 경제적 가치 산출 기준 적용(실 광고비×5)
- KIST의 경우 국내 10대 기업 중 상위 건에 랭크 한 삼성그룹에 준하여 분석

---

**참고 신문매체 기사가치환산 예시**

8월 5일자, 조선일보/IT,과학 B10면/'인터넷 검색하는 똑똑한 로봇 …'

{[(노출기사 세로사이즈/3.4)×가로사이즈]×광고단가}×5 = MPV 값

{[(26.2/3.4)×27.6]×90,000원}×5 = 95,707,059원

※ 3.4cm=1단(지면사이즈 측정 시 세로사이즈 기준)

※ 조선일보 IT, 과학면 1단 1cm 단가 90,000원

---

### (2) 방송매체 기사가치환산

노출된 방송 분량 측정

⇨ 방송사별/시간대별 광고단가 적용, 실광고비 측정

⇨ 기사가치 환산(MPV)

**그림 16-1.** 세로사이즈 및 가로사이즈의 측정 예시

– 실 광고비는 기사노출시간을 시간대별 15초 단위 단가 광고비로 환산한 금액

– MPV는 삼성그룹의 홍보기사 경제적 가치 산출 기준 적용(실 광고비×5)

---

### 참고 방송매체 기사가치환산 예시

예) 7월 25일, MBC 뉴스데스크 '운동하면 두뇌 좋아진다 … 기억력–학습능력 발달'

[(노출방송길이/15)×매체 · 시간대별 광고단가]×5 = MPV 값

[(123초/15)×13,200,000원]×5 = 541,200,000원

※ 방송광고단가는 15초 기준으로 단가 책정

※ MBC 뉴스데스크의 경우 15초당 13,200,000원

## 4. 기사환산가치(MPV) 산출법 활용사례

### 참고 KIST 기사환산가치(MPV) 산출법 활용사례 요약문

• 본 보고서는 2011년 1월부터 2011년 12월까지 한국과학기술연구원의 언론 홍보 결과를 분석한 자료임. 한국과학기술연구원 관련 보도가 신문매체에 299건, 방송매체에 73건 이뤄졌다. 이는 2010년 신문매체 383건, 방송매체 65건에 비해 신문 보도 횟수는 감소, 방송 보도는 증가한 수치임.

• 신문매체에 보도된 기사를 지면별 단가기준의 광고비로 환산한 실 광고비는 2,212,293,884원이며, 지면광고 단가 대비 기사가치환산(MPV) 금액은 11,061,469,418원임(실광고비의 5배). 2011년에는 2010년에 비해 신문보도 횟수는 감소하였으나, 광고비 환산 금액은 2010년 신문 실 광고비 1,777,689,025원과 MPV 8,888,445,124원에 비해 크게 증가함.

• 방송매체의 경우 방송된 시간과 길이를 광고시간대별 단가기준의 광고비로 환산한 실광고비는 3,933,351,000원이며, 광고 시간대별 기사가치환산(MPV) 분석 결과 19,666,755,000원으로 나타남.

(※ 위 광고단가는 각 매체에서 제공받은 지면별(방송은 시간대별) 광고단가를

참고하여 작성하였음)

- 또한 KIST 홍보팀 운영비(인건비, 운영비, 홍보비, 과학문화활동비 포함)가 2010년 14.5억 원 규모에서 2011년 연간 26.6억 원 규모로 증가했으며, 전 매체 MPV 분석 결과 역시 2010년 171억 원에서 2011년 307억 원 규모로 크게 증가하여 효율적인 홍보가 이루어졌음.

- 전반적으로 볼 때 신기술 개발 및 연구결과에 대한 아이템 비중이 컸던 지난해에 비해 KIST 재직자 관련 기사가 비율이 많이 늘어남. KIST관련 인물의 대외활동으로 인한 것으로 분석됨. 방송에서도 뉴스와 과학 외에 다양한 프로그램에 노출되어 일반 대중의 지속적인 지지와 성원을 확보하려는 노력이 잘 드러난 것으로 보임.

# 참고문헌


KIST 홍보실, KIST 언론활용 매뉴얼, 한국과학기술연구원, 2012~2014.

KIST 홍보실, 언론홍보 결과분석 보고서, 한국과학기술연구원, 2012.

교과부 대변인실, 정책홍보 가이드북, 교육과학기술부, 2010.

김태욱, 전략홍보 워크북, 커뮤니케이션북스, 2009.

더그뉴섬, 박현순, 공중합의 형성과정과 전략, 커뮤니케이션북스, 2007.

데이비드 필립스, 온라인 PR, 커뮤니케이션북스, 2004.

랠프레너만 외, PR의 언론관계 효과측정, 커뮤니케이션북스, 2010.

박상건, 예비언론인을 위한 미디어 글쓰기, 담그래, 1989.

오동명, 보도사진 강의, 시대의 창, 2010.

이경희, 기사되는 보도 자료 만들기, 루비박스, 2012.

이만훈, 인터뷰의 모든 것, 랜덤하우스, 2007.

이호철, 맥킨지식 보고대답 기술, 어드북스, 2010.

조성겸 외, 연구기관을 위한 PR매뉴얼, 지샘, 2009.

최윤희, 현대 PR론, 나남출판, 2000.

탐왓슨 외, PR의 평가, 커뮤니케이션북스, 2005.

프레인(주), 프로들의 홍보노트, 청년정신, 2008.

한미정, 인터넷으로 PR하기, 커뮤니케이션북스, 2002.

함성원, 기업홍보 실무특강, 커뮤니케이션북스, 2010.

홍춘기 외 9명, 보도 자료를 쓰라고요?, 커뮤니케이션북스, 2011.

뉴스와이어, www.newswire.co.kr, 2013.

## 과학기자 추천사

기관홍보의 핵심은 홍보담당자의 역량이다. 홍보부서는 매일 바삐 움직이는 조직이라 스스로 실력을 쌓는 데 소홀하기 쉽다. 오랜 노력 끝에 나온 책은 홍보담당자뿐만 아니라 기자들의 역량 강화에 필요한 교재로 손색이 없다.

한겨레신문 **이근영 부장**

다른 곳보다 언론홍보가 어려운 과학기술 연구소에서 이토록 다양한 홍보가 이뤄졌다는 사실이 놀랍다. 철저히 수요자인 기자와 독자의 눈으로 보려고 노력한 홍보담당자의 고민이 고스란히 담겨진 책이라 할 만 하다.

조선일보 **이영완 차장**

정말 열심히 홍보꺼리를 주기위해 연락하고 찾아다니던 임환 실장을 기억한다. 책을 보며 역시나 하는 생각을 했다. 겨울이 되면 눈사람을 만들기 위해 처음 눈덩이를 뭉쳐 시작하듯 이 책이 그런 역할을 했으면 한다.

MBC **김승환 부장**

기자는 취재 현장을 다니며 취재를 한다. 중요한 행사라고 연락이 와서 찾아가 보지만 정작 보도를 위한 준비는 소홀한 기관들을 많이 본다. 이책은 홍보의 가치를 높이는 핵심 관리사항을 잘 전달하고 있다.

한국경제신문 **김태훈 차장**

홍보, 머리로 뛰라는 말이 있다. 발로 열심히 찾아다니는 것도 중요하지만, 분석하여 언론의 필요를 충족시켜주고 기자와 리듬에 맞추는 홍보가 바람직 하지 않을까. 과학홍보 활성화를 위해 적극 추천한다.

YTN **김진두 부장**

홍보업무 책자도 이렇게 체계적이고 간명하게 쓰여 질 수 있구나 하는 생각이 든다. 군더더기가 없이 필요한 내용을 잘 갖추고 있다. 만약 내가 연구기관 홍보 담당자라면 이 책을 꼭 옆에 두고 있을 것 같다.

중앙일보 **김한별 기자**

과학면 코너분석과 언론활용 방법을 소개한 내용을 보면서 과학기자들의 일상과 기호를 뻔히 들여다 보고 있는 것 같아서 머쓱한 느낌이 든다. 연구기관 홍보의 카테고리를 잘 전달하고 있다.

디지털타임즈 **안경애 부장**

과학전문기자로서 연구기관을 위한 홍보서적이 나온데 반가운 마음이다. 홍보 현안에 집중하는 것도, 기관내 홍보 분위기를 조성하는 것도 모두 중요하다. 책 출판을 계기로 연구기관에 꼭꼭 숨어 있는 훌륭한 과학기술 성과와 정책들이 널리 알려지길 기대한다.

동아일보 **이현경 팀장**